KB066980

푸른 숨

푸른 숨

오미경 장편소설

특별한서재

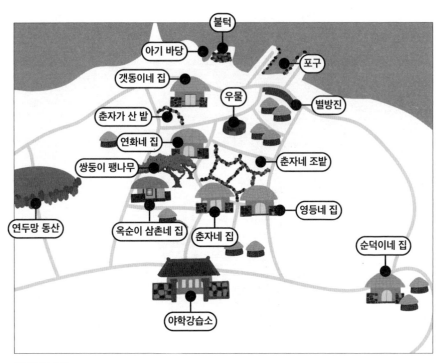

불턱

아기 바당

갯동이네 집

포구

춘자가 산 밭

우물

별방진

연화네 집

춘자네 조밭

쌍둥이 팽나무

연두망 동산

영등네 집

옥순이 삼촌네 집

춘자네 집

순덕이네 집

야학강습소

하도리 지도

차례

일러두기

- 소설 속 해녀들의 항일 투쟁은 역사적 사실을 바탕으로 하였으나 소설로 재구성되어 사실과 다를 수 있습니다.
- 소설 속 인물들은 실제 인물과 관련이 없습니다.
- 대화에 사용된 제주 말은 가독성의 편의를 고려해 주로 어미만 사용하였으며, 같은 이유로 그마저 극히 제한적으로 표현했습니다.
- 소설 속 일기들은 아름다운 제주어를 되도록 살려 썼지만, 현대어 표기법을 따랐습니다.
- 소설 속 영등의 일기는 뒤에 해설을 따로 실었습니다.
- 해녀들이 쓰는 물안경을 제주에서는 '눈'이라 하는데, 소설의 배경이 되는 시기엔 알이 두 개인 '작은눈(족쉐눈)'을 썼으나 표지엔 해녀의 이미지를 살리기 위해 '큰눈(왕눈)'으로 표현했습니다.

바다와 나비*

아무도 그에게 수심을 일러 준 일이 없기에
흰 나비는 도무지 바다가 무섭지 않다.

청무우밭인가 해서 내려갔다가는
어린 날개가 물결에 절어서
공주처럼 지쳐서 돌아온다.

삼월달 바다가 꽃이 피지 않아서 서글픈
나비 허리에 새파란 초생달이 시리다.

---

* 김기림의 시.

서러운 꿈

나도 재기 커그네 아기 바당 아니곡, 짚은 바당에 드강 할망추 룩 상군 잠녀 뒈고 시프다. 그 생각 하민 마슴 뽕그랑하고 가심 또까또까 뛴다.

영등은 진저리를 치면서 물속에서 몸을 일으켰다. 동무들 이 물에서 나온 뒤 물 한 대접을 들이킬 만한 시간이 지난 뒤 였다.

"영등아, 숨 안 막히멘? 숨 잘도 오래 참으멘."

"영등이, 너 돌고래 아니멘?"

영등은 동무들의 칭찬에 기분이 좋았다. 할망처럼 상군 해 녀가 되는 게 꿈인 영등은 벌써 꿈을 이룬 것만 같았다.

"애들아! 우리, 저기 한번 들어가보까? 바닥에서 뭐든 하나 씩 주워 오게."

영등은 아기 바당 너머 깊은 곳을 가리켰다. 어른들이 얼씬도 하지 말라며 입이 닳도록 당부하는 곳이었다. 그런데 삼촌*들 흉내를 내며 잠수 놀이를 오래 하다 보니 오기가 생겼다. 영등은 언젠가 꼭 한번 들어가보리라고 남몰래 별러왔다.

연화랑 춘자는 서로 눈치를 보다 고개를 끄덕였다. 아홉 살 여자아이들 눈빛엔 금기를 어길 때의 묘한 긴장감과 쾌감이 교차했다. 영등의 신호와 함께 복숭아 같은 알궁둥이 세 개가 물 위로 봉긋 솟았다가 잠겼다.

영등은 기왕 물속에 들어온 거 마음에 차는 걸 가져가고 싶었다. 눈을 부릅뜨고 여**를 훑는데 가장 깊은 곳에 오분자기가 보였다.

영등이 물에서 나오자 연화랑 춘자 얼굴이 그제야 환히 펴졌다. 동무가 어찌 된 줄 알고 걱정한 것이었다. 다 같이 돌잡이 아기들처럼 손에 든 것을 내밀었다. 세 동무의 손엔 소라 껍데기, 사금파리, 오분자기가 놓여 있었다.

연화는 소라 껍데기를 휙 집어 던지고는 춘자의 사금파리를 부러운 눈으로 보았다. 파도에 닳고 닳은 그것은 새하얀 꽃잎 같았다.

"연화야, 갖고 싶으멘? 그럼 너 가져라."

---

* 제주에서 먼 친척 어른들을 통틀어 부르는 말로, 이웃의 윗사람까지 포함됨.
** 물속에 잠겨 보이지 않는 바위.

"참말이멘?"

연화는 춘자가 내민 사금파리를 쥐고는 좋아 팔짝팔짝 뛰었다.

"영등아! 넌 고새 오분자기를 딴? 넌 숨도 길고, 눈도 밝고, 나중에 상군 해녀 될 거멘."

춘자의 눈에 설핏 부러움이 스쳤다. 욕심 없는 춘자도 물에서만큼은 욕심을 보였다.

영등은 동무들과 어울려 바다에서 놀 때가 좋았다. 그 시간만큼은 어멍 없는 설움도 잊고, 줄줄이 딸린 동생들 짐도 벗을 수 있었다. 여섯 살 영춘, 네 살 영덕, 세 살 영심을 보살피는 건 영등의 몫이었다. 할망은 물질이랑 밭일로 눈코 뜰 새 없이 바빴고 육지로 나간 아방은 늘 손님 같았다.

"어? 옷이 안 보이멘."

연화가 눈을 동그랗게 뜨고 갯바위 주변을 두리번거렸다.

조금 뒤, 낄낄거리는 소리가 들리더니 불룩 솟은 갯바위 뒤에서 머리통 하나가 비쳤다. 갯동이 분명했다. 나무 위에 숨어 있다가 팽총 쏘기, 물구덕* 안에 죽은 쥐 던지기, 고사리 꺾으러 가는 길에 풀 엮어놓아 넘어뜨리기…… 녀석한테 당한 게 한두 번이 아니었다.

"갯동이, 니놈 짓인 줄 다 알멘. 옷 빨랑 안 주멘?"

연화가 소리치자 바위 너머에서 옷이 날아왔다. 그런데 연

---

* 물동이인 물허벅을 넣어 지고 다니는 바구니.

화 옷은 보이지 않았다.

"개똥이 이 나쁜 놈! 내 옷 빨랑 안 내놓으멘?"

맨몸인 연화는 꼼짝도 못 한 채 바락바락 성을 냈다. 갯동은
옷을 홱 던지고는 달아났고, 조무래기 몇이 그 뒤를 따랐다.

"개똥이, 너 가만 안 두멘!"

영등은 부랴부랴 옷을 걸치며 갯동을 쫓아갔다. 무리가 갯
가를 거의 빠져나갈 즈음, 갯동의 짚신 한 짝이 벗겨졌다. 영
등이 신발을 주워 멀리 던져버리자 춘자랑 연화가 깔깔 웃으
면서 잘했다고 소리쳤다.

영등네랑 동갑인 갯동은 갯동 어멍이 딸만 다섯 낳고 얻은
막내아들이다. 사람들은 귀동이란 본 이름을 두고 갯동 어멍
이 물질하다 갯가에서 낳아 갯동이라 불렀고, 그런 내력을 알
턱이 없는 아이들은 개똥이라 불렀다. 아이들이 말똥, 소똥,
개똥 하면서 놀릴 때마다 갯동 어멍은 동네가 떠나가라 고래
고래 소리 지르며 욕했지만 소용없었다.

"개똥이 이 나쁜 놈! 가다가 개똥에 미끄러지고 말똥에 코
박아라!"

연화는 신발을 겨우 찾아 신고 달아나는 갯동에게 소리쳤다.

"히히히! 개똥이가 연화 너, 각시 삼고 싶은가 보멘. 옛날이
야기에 나오는 나무꾼도 선녀 옷 감추고 각시 삼지 않안?"

춘자가 키득거리면서 놀리자, 연화는 뾰로통한 얼굴로 볼멘
소리를 했다.

"개똥이가 나한테만 더 못되게 구는 거 모르멘? 난 약 올라
죽겠신디 동무를 놀리멘?"

"자, 그만하고 이거나 먹으라."

영등은 동무들 손에 빼떼기*를 들려주고는 자신도 하나 입
에 물었다. 그리고 손가락을 빨며 곤히 자는 영심이 옆에 누웠
다. 유월 볕에 잘 달구어진 갯바위 위에 눕자 몸이 노곤했다.

할망은 영등 할망 이야기를 들려주었다. 아무리 들어도 질
리지 않는 이야기였다.

"옛날에 영등이란 아이가 바다에 살았주게. 영등이가 돌고
래랑 바다에서 헤엄치며 놀고 있는디, 하루는 고기잡이배가
파도에 쓸려 외눈박이 섬까지 왔어. 외눈박이 섬은 사람 잡아
먹는 무시무시한 외눈박이 거인들이 사는 곳이주게……."

바람 신의 딸, 영등은 고기잡이배를 굴속에 숨긴 뒤 외눈박
이 거인들을 따돌려 보냈다. 어부들은 집으로 돌아가다 도로
풍랑에 쓸려왔고, 영등은 거듭 거인들을 속이고 구해주었다.
그러나 그 대가는 처참해 성난 거인들이 영등의 몸을 찢어 바
다에 던졌다. 영등은 이 대목만 이르면 무서워 할망에게 이야
기를 재촉했다.

"영등이가 죽고 나서 안개가 잔뜩 껴 아무것도 안 보였어.

---

* 고구마 말린 것.

그러다 보름 만에 안개가 걷혔신디, 영등이 몸이 감쪽같이 붙어 다시 살아났주게. 영등인 나중에 바람 신이 됐어. 영등 할망이 봄마다 바다에 씨 뿌려주니 그 덕에 할망이 물질하는 거주게."

영등은 전엔 연화나 춘자처럼 여자 이름 같지 않은 자신의 이름이 마음에 들지 않았다. 그런데 영등 할망 이야기를 들은 뒤론 이름이 자랑스러웠다. 영등의 이름은 할망이 지어준 것이었다. 평생을 바다에서 물질해온 할망에게 영등 할망보다 더 거룩한 사람은 없을 터였다. 바다에서 돌고래를 타고 놀면서 위험에 닥친 어부들을 구해주는 씩씩하고 용감한 소녀, 영등. 영등은 자신도 이야기 속 영등처럼 되고 싶었다.

이야기를 마친 할망의 낯빛이 갑자기 어두워졌다.

"으이구, 불쌍한 내 새끼!"

"할망! 왜 불쌍하다고 하멘?"

영등은 불쌍하다는 말이 싫었다. 그러면 왠지 밖에 나가 놀지도 못하고 온종일 웅크리고 앉아 울고 있어야 할 것 같았다. 영등은 물에서 동무들보다 더 오래 숨을 참을 수 있었고, 고사리를 뜯어도 동무들보다 빨리 구덕을 채웠다. 삼촌들도 영등에게 재바르고 야무지다고 입이 마르게 칭찬했다. 영등은 자신이 불쌍한 아이라고는 한 번도 생각한 적이 없었다.

"으이구, 불쌍한 내 새끼! 불쌍한 내 새끼!"

할망은 자꾸 같은 말을 되풀이했다.

"영등아, 일어나라. 영심이 울멘."

춘자가 영등을 흔들어 깨웠다.

영등은 잠이 덜 깬 상태로 영심을 업었다. 꿈이었다. 영등을 측은하게 바라보던 할망의 눈빛이 생생했다. 영등은 할망을 만나면 왜 그랬냐며 응석을 부리고 싶었다.

해녀들이 하나둘 망사리를 짊어지고 바다에서 나왔다. 때맞춰 망사리 마중을 나온 남자들이 우르르 몰려갔다. 하군들이 먼저 나오고, 그다음에 중군이 나왔다. 군인들에게 계급장이 있듯이 해녀들에게도 계급이 있는데, 그것은 각자 숨의 길이에 따라 정해졌다. 하군은 얕은 바다에서 작업했고, 상군으로 갈수록 깊은 바다에서 작업했다. 그들은 서로 남의 바다를 넘보지 않았다. 상군은 하군을 배려하는 마음에서 얕은 바다를 기웃대지 않았고, 하군은 자신들의 능력 너머라서 상군의 바다를 탐하지 않았다. 계급이랑은 무관하게 할망들만의 영역도 따로 있었다. 노쇠해 기력이 떨어지는 할망들을 위한 할망 바당. 젊은 해녀들이 절대로 발을 들여서는 안 되는 곳이었다.

마지막으로 상군들이 갯가로 나오기 시작했다. 등에 둘러멘 망사리는 계급에 걸맞게 큼지막했다.

"영심아, 할망이랑 집에 가서 맘마 먹게."

영등은 칭얼거리는 영심을 어르면서 할망을 기다렸다. 상군인 할망은 산더미처럼 큰 망사리를 짊어지고 설문대 할망*처럼 위풍당당하게 걸어 나올 것이었다. 그러나 할망은 좀처럼 보이지 않았다.

춘자 어멍이 부들부들 떨면서 달려와 영등을 부둥켜안았다.

"영등아, 이를 어쩌냐? 할망 물숨 먹언. 아이고! 우리 영등이 불쌍해 어쩌니?"

"아이고! 느네 할망, 어쩜 좋으니?"

뒤따라 온 삼촌들이 영등을 에워쌌다.

영등은 몸이 달달 떨렸다. 영등은 알았다. 바다에서 물숨을 먹었다는 것이 무엇을 의미하는지. 그것은 죽음을 뜻하는 것이었다.

"왜 우리 할망 두고 왔수꽈? 왜? 왜?"

영등은 춘자 어멍 가슴을 치며 울부짖었다. 그러다 울음을 뚝 그쳤다.

할망은 살아 돌아올 것이었다. 거인들에게 죽었다가 다시 살아난 영등처럼.

영등은 두 눈을 부릅뜨고 바다를 노려보았다.

_____

* 제주도를 만들었다고 전해지는 거대한 여신

산호 가지 맹세

바당은 얼굴 여럿이다. 멩지바당 일 땐 어멍 닮곡, 찰싹찰싹 절이 마직하게 일 땐 동모 닮곡, 절이 집채만 하게 일엉 바당이 뒈싸질 땐 저승사자 닮다.

부우우웅, 소라 고동 소리가 길게 울려 퍼졌다. 해녀들이 전사들처럼 우르르 바다로 들었다. 흰 새떼가 내려앉은 듯 하얗던 갯가는 검은빛을 드러냈다. 해녀들이 떠난 자리엔, 그들이 낳아놓은 알인 듯 구덕이 하나씩 놓여 있었다.

이여싸나 이여싸나
어떤 사람 복도 좋아
앉아 살리 우리네는
바람일랑 밥으로 먹고

구름으로 똥을 싸고

물절일랑 집을 삼아

......

논에 개구리 울음소리 넘쳐나듯, 바다는 해녀들 노래로 가득 찼다.

삼천리 금수강산을 일본이 버젓이 차지한 지 어느덧 열여섯 해. 땅뿐만 아니라 바다마저 저들 것이 되었다. 그러나 뭍도, 바다도 그저 생명을 품고 키울 뿐 애초에 누구의 소유일 리 없었다. 해녀로 가득 찬 하도리의 바다는 시국에 아랑곳없이 평화롭기 그지없었다.

하도리에서 멀리 떨어진 모슬포에선 흉흉한 소문이 바람을 타고 넘어왔다. 일본이 사람들을 동원해 삽이랑 곡괭이질로 땅굴을 판다는 것이었다. 비행기 창고를 만든다는 둥, 전쟁 때 일본 군인의 대피소를 마련하는 거라는 둥, 일본이 중국을 칠 거라는 둥 소문이 무성했다. 남의 농토를 빼앗아 전쟁 기지를 만드는 게 복장 터지는 일이지만, 그런 일이 하도리에서 벌어지지 않은 것이 그나마 다행이었다.

영등은 김이 서리지 않게 미리 쑥으로 닦아둔 물안경을 쓰고 물로 들었다. 할망이 쓰던 거라 테가 찌그러지고 알이 긁혀 성한 곳이 없었다.

오늘은 삼촌들을 따라 깊은 바다에 들어가기로 한 날. 영등의 나이 열세 살, 어엿한 해녀가 된 영등은 가슴이 뛰었다. 할망이 물숨 먹은 지 어느덧 네 해가 되었다.

할망이 물숨을 먹은 뒤, 안개가 온통 마을을 휘감으면 영등은 바다로 달려나가 눈을 부릅뜨고 바다를 지켜보았다. 삼촌들은 상군 중에서도 대상군인 할망에게 용왕 할망 딸이라고 했다. 그러니 어멍이 딸을 죽게 할 리 없었다. 영등은 할망이 살아 돌아오면 사람들에게 보란 듯이 으스댈 생각이었다. 그러나 할망은 끝내 살아 돌아오지 않았다. 영등은 울지 않았다. 동생들을 지켜야 했기 때문이었다. 영등은 두 주먹을 불끈 쥐었다.

"영등아, 물속에서 욕심내면 절대 안 된다."

"물 밖으로 나올 숨 꼭 남겨두라."

"처음부터 물건에 욕심부리지 말고, 숨만 요량해보고 나오라."

삼촌들이 한 마디씩 당부했다. 영등은 타고난 숨이 길고 물속으로 밀고 들어가는 힘이 좋았다. 그러나 마음을 놓기엔 아직 어린 나이였다.

한 길, 두 길, 세 길…… 영등은 바다를 향해 점점 깊이 들어갔다. 물이 깊으니 머리를 옥죄는 느낌도 훨씬 컸다. 바다가 깊은 만큼 골도 깊었다. 바위 위로 비단 자락처럼 너울거리는 수초, 울긋불긋 산호초 숲, 그들 사이로 단풍잎 흩날리듯 춤추는 물고기들…… 민둥한 오름에서만 놀다 처음으로 깊은 숲에 들어온 듯, 다채로운 바닷속 풍경이 영등을 홀렸다. 영등은 자신도 한 마리 물고기인 양 유영하다 놀라 물 위로 올랐다.

삼촌들은 물질도 않고 영등을 기다리고 있었다.

"숨이 참 길다게. 영등인 아기 상군이여."

"욕심부리지 말고 조심하라게."

춘자 어멍과 삼촌들은 영등의 등을 토닥여준 뒤 물로 들었다.

깊은 바다는 들 때마다 영등을 유혹했다. 용궁처럼 황홀한 풍경에 넋을 잃다 보면 번번이 빈손이었다. 영등은 마음을 다잡고 아름다움에 눈을 감았다. 그것은 잠깐 허기를 잊게 할진 몰라도 밥이 되지 않았다. 일찍 어멍을 여의고 할망마저 잃은 뒤, 영등은 부쩍 철이 들었다. 어미 올 때만 기다리는 둥지 속 새끼 새 같은 동생들 때문이었다.

물건에만 집중하자 드디어 전복이 보였다. 등에 따개비가 잔뜩 달라붙은 전복은 얼핏 보아서는 바위랑 구분이 되지 않았다. 뭇 생명은 몸속에 자신을 지키는 법을 새기고 있었다. 치명적인 독을 갖지 못한 것들의 무기는 위장술이었다. 그들은 주변 환경을 감지해 몸을 최대한 그와 유사하게 만들어 숨었다. 그러니 물속을 열 번 드나들어도 엄벙덤벙해서는 손에 쥘 게 없었다.

영등은 어린 나이에도 삼촌들에게 머정*이 좋다는 말을 들었다. 그것은 그날의 운수에 따르기도 하지만, 다른 사람보다

---

* 무슨 일에 있어서 재주가 좋다는 뜻의 제주어.

물건을 잘 찾는 감각이기도 했다. 영등은 좋은 전복을 얻고 나면 여의 생김새, 그곳에 자라나는 해초, 수온 등을 유심히 기억해두었다. 몸속에 바다의 지도를 새겨넣는 것이었다.

바위틈에 제법 큰 전복이 보였다. 영등은 빗창을 찔러 넣었다. 전복은 바위에서 떨어지지 않으려고 안간힘을 다했다. 필사적으로 버티는 전복과 빗창에 가한 힘 사이의 팽팽한 긴장, 그 뒤에 얻은 승리감은 짜릿했다. 호락호락 제 목숨을 내어주는 것은 없었다. 전복과 바위 사이로 빗창이 단번에 파고들어야 했다. 생명 가진 것을 취하려면 의당 그만큼의 예민함과 민첩함이 필요했다. 어물거리다 틈을 주면 전복은 죽기 살기로 바위에 달라붙었다. 손에 감긴 빗창이 전복에 물리면 자칫 물숨을 먹을 수도 있었다. 바다는 만만치 않았다. 그것은 호시탐탐 목숨을 노렸다.

숨이 다할 즈음, 한 발쯤 떨어진 곳에 어른 손바닥만 한 전복이 보였다. 지금껏 본 적 없는 큰 전복에 눈이 멀어 몸이 그쪽으로 향하는데 삼촌들 목소리가 영등을 잡아챘다. '물속에서 절대 욕심내면 안 된다!' 불턱*에서 귀에 딱지가 앉을 정도로 자주 들은 말이었다. 아깝지만 눈앞의 전복을 단념할 수밖에 없었다. 영등은 허리에 찬 본조갱이**를 던져놓고 급히 물

---

* 바람을 막기 위해 쌓은 돌담으로, 해녀들이 불을 쬐며 몸을 녹이거나 옷을 갈아입는 곳.
** 해산물을 다시 찾기 쉽게 표적으로 놓아두는 조개껍데기.

위로 나왔다. 호로록, 금방 숨이 빠져나갈 듯 아뜩했다. 영등은 천천히 숨을 내뱉었다. 호이잇 호이잇, 입에서 숨비소리가 새어 나왔다. 아찔하니 새파랗게 질린 숨의 비명이었다. 숨비소리가 숨을 불러오는 주술인 듯 텅 비었던 허파에 다시 숨이 차올랐다.

영등은 급히 물로 다시 들어 전복을 찾았지만 보이지 않았다. 얼마 전, 옥순이 삼촌이 불턱에서 입에 거품을 물고 하던 말이 떠올랐다.

"아기 머리통만 한 전복이 보이는디, 숨이 다해 못 따고 나왔주게. 그거 욕심부렸으면 물숨 먹었을 거라."

자기가 죽었으면 뭐라도 손에 들고 왔을 거 아니냐며 전복을 하나씩 바치라는 삼촌의 억지에 모두 한바탕 웃었다. 옆 마을, 세화리에서 시집온 옥순이 삼촌은 열여덟 살로, 영등보다 다섯 살 위였다. 물질도 잘하고, 우스갯소리를 잘하는 삼촌 덕분에 불턱엔 늘 웃음이 끊이지 않았다.

영등은 놓친 전복을 찾아다니다 두 번이나 빈손으로 나왔다. 미련을 버리고 나서야 비로소 물건이 보였다.

점심때가 훌쩍 지나 물이 들기 시작했다. 영등은 녹초가 된 몸을 테왁*에 얹고 숨을 고르며 멀리 물마루를 보았다. 하늘과의 경계가 선명한 그것은 마치 금줄처럼 보였다. 어릴 적, 깊

---

* 해녀가 물질할 때 가슴에 받쳐 몸이 뜨게 하는 기구로, 예전엔 박의 속을 파내어 만듦.

은 물에 들어가 오분자기를 땄던 기억이 또렷했다. 저 너머엔 어떤 세상이 있을까? 어른들 말을 어기고 금기의 장소에 들던 그때처럼 가슴이 두근거렸다.

영등은 망사리를 걸머지고 갯가로 나왔다.

"영등이 망사리 불룩한 거 보라게. 영등인 아기 상군이주."

"영등인 할망 닮아 물질 솜씨 잘도 좋주게."

삼촌들이 한마디씩 하면서 영등의 망사리에 소라랑 전복을 몇 개씩 넣어주었다. 영등은 삼촌들의 칭찬과 계석*에 어깨가 으쓱했다.

"영등이 망사리 좀 보라게. 넌 여태 뭐 핸? 영등이 똥이나 빨아 먹으라."

영등의 불룩한 망사리가 엉뚱하게 연화에게 불똥으로 튀었다.

"내가 개꽈? 어멍은 왜 맨날 나한테 영등이 똥 빨아 먹으라고 햄수꽈?"

여리여리한 몸과는 달리 연화 목소리는 까랑까랑했다.

"요년, 주둥아린 잘도 살았주게. 개도 부지런해야 더운 똥 먹주."

연화는 눈을 흘기며 두 손을 휘둘러 어멍을 쫓고는 동무들

---

* 해녀들 사이에 내려오는 오랜 전통으로, 어린 해녀나 할머니들을 격려해주기 위해 망사리에 소라나 전복을 채워주는 것.

에게 빨리 오라며 손짓했다.

"얘들아, 이것 좀 보라게. 잘도 곱지 않니? 이걸로 뭐뭐 할 건데……."

연화는 발그레한 얼굴로 뒤춤에서 붉은 산호 가지를 꺼내 내밀었다.

"뭐 할 거? 머리에 꽂을 거? 아니면…… 똥방뎅이에 꽂을 거멘? 히히히히!"

춘자가 제 말에 웃음을 터트리는 바람에 영등이랑 연화도 덩달아 웃음보가 터졌다.

"이 비바리*들 뭐가 그리 재미지니? 그저 말똥만 굴러도 잘도 웃주게."

"삼춘은 몰라도 되니까 얼른 갑서."

연화는 산호 가지를 등 뒤로 숨기면서, 참견하는 옥순이 삼촌에게 샐쭉하니 말했다.

"가라고 안 해도 가니까 걱정 말라게. 안 가면 니가 젖을 주크라, 떡을 주크라?"

"연화 젖가슴 요새 잘도 커져 젖 나올지도 모르주. 하하하!"

삼촌들이 농을 던지고는 깔깔 웃으며 지나쳤다.

"우리, 이걸로 우정 맹세하게."

연화는 아기 손바닥만 한 산호 가지를 셋으로 잘라 하나씩

---

* 바다에서 해산물을 채취하는 처녀 또는 아직 혼인하지 않은 처녀를 이르는 제주어.

나눠준 뒤 말했다.

"고연화, 김영등, 양춘자, 세 동무는 우정을 맹세합니다. 이 산호 가지가 하나인 거마냥 저희도 평생 함께할 거우다."

씻어놓은 팥알 같은 얼굴들엔 장난기가 사라지고 제법 진지한 빛이 어리었다. 세 동무의 머리 위엔 똑같이 소라 똥 모양 머리 뭉치가 얹혀 있었다. 물에 들 때 거치적거리지 않게 머리를 위로 묶어 틀어 맨 것이었다. 소라똥머리는 얼른 자라 물질을 하고 싶어 하는 여자아이들의 소망이었다.

"니들 이거 죽을 때까지 간직해야 되멘."

영등과 춘자는 연화 말에 사뭇 비장한 얼굴로 고개를 끄덕였다.

영등이 조합에 해산물을 넘기고 길모퉁이를 돌 무렵, 아이들 소리가 왁자했다. 사내아이들이 쌍둥이 팽나무 위에 원숭이처럼 올라앉아 팽총을 쏘고 있었다. 팽 팽, 총알 소리와 함께 상대편에게 으름장 놓는 소리가 요란했다. 사내아이들은 누구나 대나무 통에 팽나무 열매를 총알로 넣고 쏘는 팽총을 놀잇감으로 가지고 있었다. 총싸움 무리 가운데 영춘과 영덕도 보였다. 영심은 나무 아래서 또래들과 소꿉장난을 하고 있었다. 동생들은 영등을 보자 다람쥐처럼 쪼르르 달려왔다. 여름내 볕에 그을러 얼굴이 알밤처럼 반들반들했다.

동생들은 톳을 넉넉히 넣어 지은 조밥을 마파람에 게 눈 감추듯 먹어 치웠다. 영등은 설거지를 마친 뒤 반짇고리를 꺼내 동생들의 해진 옷을 기웠다. 갯가며 나무 위로 메뚜기 튀듯 돌아치며 놀아 옷이 남아나질 않았다.

"영춘이, 책 읽어보라."

영춘이 『조선어독본』을 꺼내 와 읽었다. 영춘은 호적의 나이가 두 살이나 줄어 작년, 아홉 살에야 학교에 들어갔다. 영등의 위로 하나, 아래로 하나, 돌 지난 손자를 둘이나 잃고 나자 할망은 아방에게 영춘의 호적을 늦게 올리라고 했다. 누군가 그래야 명이 길다고 한 모양이었다.

영덕은 제 형이 책 읽는 것을 부러운 듯이 보았다. 올해로 여덟 살이 된 영덕은 아직 학교에 들어가지 못했다. 키도 몹시 작은 데다 겨울에서 봄 사이 유난히 골골해 입학을 미룬 탓이었다.

동생들이 잠든 뒤, 영등은 책 속의 글자들을 하염없이 눈에 담았다. 낯선 기호들이 깨어나 말을 걸어온다면 어떤 느낌일까? 영등도 글자들이 내는 길을 따라 걷고 싶었다. 영등은 무연히 생각에 잠겨 있다가 망상을 떨쳐냈다. 영등에게 글은 닿을 수 없는 길이었고, 꿈이었다.

해경*

남

메역해경 날, 다른 집은 어른들 하영 이시난 든든하주만, 우리 집은 아이덜만 이시난 설룹다. 나는 동셍들에게 역부로 씩씩하게 보엿다.

해가 바뀌어 삼 년 묵은 말가죽도 오롱조롱 노래한다는 봄이 왔다.

드디어 미역해경 날. 마을에서 정한 한날한시에 미역을 건져 올리는 날이었다. 뭍에서는 가을에 곡식을 수확하지만, 바다 밭에서는 겨우내 자란 미역이며 우뭇가사리를 봄에 거두었다. 갯가엔 사람들로 바글바글 발 디딜 틈이 없었다. 매해 봄마다 일어나는 진풍경이었다. 미역은 얕은 물에서 자라 손이

---

* 미역 채취를 금하다 정해진 날에 해제하는 것.

많을수록 득이어서 해경 날이면 거동 못 하는 사람 빼고는 모두 바다로 나갔다. 학교도 일손을 도우라고 임시 방학을 할 정도로 큰일이었다.

드디어 소라 고동 소리가 갯가에 울려 퍼졌다.

영등은 종개호미를 쥔 손에 힘을 주고 부지런히 미역을 베었다. 다른 집보다 손이 턱없이 부족해 마음이 급했다. 영등은 물에 들 때마다 제 키보다 큰 미역을 한 아름씩 베어 안고 올라와 망사리에 넣었다. 부지런히 손을 놀린 보람으로 망사리가 금방 차올랐다.

영등이 부르자 미역을 건지고 있던 영춘이 한달음에 달려왔다.

"얼른 자리에 쏟아놓고 망사리 가져 오라게."

영춘에게 미역 망사리를 건네고 한숨 돌리고 있는데 영심이 영등에게 망사리를 들어 보였다.

"성, 나도 이만큼 했신게."

여덟 살 영심의 망사리가 제법 통통했다.

영심 곁을 지나던 삼촌들이 망사리에 미역을 한 줌씩 넣어 주었다.

"오라방, 망사리 무거우멘. 빨리 와서 내 것도 가져가."

삼촌들의 계석에 한껏 의기양양해진 영심이 목소리를 드높였다.

"에고! 영심이 팔 떨어지겠다. 오라방, 빨리 오라."

옥순이 삼촌이 영심의 망사리에 미역을 넣어주면서 부러 한 숨 더 떴다.

해는 어느덧 중천에 떠올라 점심때가 되었다. 영등은 갯가로 나가면서 두리번거리며 사람들을 훑었다.

"누구 찾으멘? 아방 찾으멘?"

"아니다."

"아니긴 뭐가? 오지도 않는 사람을 뭐 하러 기다리멘?"

영춘은 요즘 부쩍 아방 이야기만 나오면 얼굴을 붉혔다. 얼마 전에 편지로 해경 날을 알렸지만, 아방은 온다 간다 답장도 없었다.

영등은 구덕에서 톳밥이랑 된장, 고사리나물을 꺼냈다.

"고사리 맛나니 많이 먹으라."

영등은 괜스레 동생들에게 미안해 목소리를 밝게 했다. 다른 집은 어른들로 북적거리는데 어른 하나 없는 것이 마치 제 탓인 것만 같았다.

"영등아, 동생들 데리고 이리 오라."

밥을 한술 뜨려는데 춘자 어멍이 불렀다. 곧이어 춘자가 쪼르르 달려와 영등의 팔을 잡아끌었다.

춘자는 오메기떡을 냉큼 집어 영등이랑 동생들 손에 하나씩 들려주었다. 동생들은 좁쌀 가루를 동글게 빚어 팥고물을 묻힌 오메기떡을 볼이 미어져라, 맛있게 먹었다. 영등은 떡을 한 입 베어 먹다 문득 할망 생각에 목이 메었다. 할망은 따라

올 사람이 없을 정도로 물질 솜씨가 좋은 데다, 손도 커 특별한 날마다 먹을 것이 푸짐했다. 할망만 있다면 남부러울 게 조금도 없을 터였다.

하늘에도 미역 자리를 편 듯 무더기무더기 구름이 붉게 물들 무렵, 해경 끝을 알리는 고동 소리가 울렸다. 영춘은 미역을 지게에 가득 싣고 앞서갔다. 또래보다 키가 큰 편이지만 열한 살 영춘에게 지게는 아직 버거웠다. 지게 다리가 땅에 끌리는 걸 겨우 면한 데다 세찬 바람이 모로 불어 걸음이 위태로웠다. 집까지 가려면 돌부리가 곳곳에 솟은 길을 오 리쯤 가야 했다. 영등은 젖은 미역처럼 몸이 무거워 맨몸도 추스르기 어려웠지만, 구덕에 미역을 가득 담아 등에 졌다. 영춘의 짐을 조금이라도 덜어주기 위해서였다.

"쯧쯧! 어린 자식들이 이 고생을 하는디, 어데서 뭘 하느라 코빼기도 안 비추고…….."

갯가를 벗어날 즈음, 춘자 아방이 지게를 지고 영등 곁을 지나면서 구시렁거렸다. 아방을 두고 하는 말이었다.

"중한 일이 생겨 못 오신다고 일전에 편지 왔수다."

"해경보다 더 중한 일이 대체 뭐랜?"

춘자 아방은 마치 영등의 아방이 곁에 있는 듯이 역정을 냈다.

얼결에 둘러댔지만 영등은 정말 그렇게 믿었다. 아방에겐 그럴 만한 사정이 분명히 있을 것이었다.

영등의 아방은 인근 동네까지 다 합쳐 둘도 없는 고학력자였다. 서당 훈장이었던 영등의 하르방은 깬 사람이어서, 보통학교가 생겨나자 아들을 바로 학교에 보냈다. 아방은 보통학교 졸업 후 경성으로 가 학업을 이었다. 하나뿐인 아들이 빼앗긴 나라일망정 세상에 나가 제구실을 하길 바랐던 하르방은 아들이 학업을 채 끝마치기도 전에 세상을 떴다. 아방은 동경 유학을 하고 싶었지만, 아내와 홀어멍이 물질해 버는 돈으로 차마 더 욕심낼 수 없어 꿈을 접었다. 밭이 꽤 있었지만, 그것만으로 학비랑 생활비를 대기엔 턱없이 부족했다.

섬으로 돌아온 아방에겐 농사도 뱃일도 맞지 않았다. 마음만 먹으면 보통학교 교사나 관료 끄트머리쯤은 할 수도 있었지만, 일제하에서 간 쓸개 내던지고 굽신거리며 일하고 싶지 않았다. 막내 영심을 낳고 얼마 안 돼 아내마저 죽자 아방은 밭뙈기를 팔아 육지로 떠났다. 출판사, 인쇄업, 책방…… 아방의 사업은 자주 바뀌었고, 그때마다 땅은 야금야금 남의 손으로 넘어갔다. 그리고 결국 집 하나 달랑 남게 되었다.

할망마저 세상을 뜬 뒤 나무에서 오소소 떨어진 상수리 열매처럼 사 남매만 남게 되자 아방은 섬으로 돌아왔다. 그리고 두 해가 지나, 영등이 열한 살 때 다시 섬을 떠났다. 아방은 가끔 집으로 양식이나 돈을 보내왔고, 일 년에 고작 서너 번 얼굴을 비칠 뿐이었다. 영등은 아방 눈치 안 보고 맘껏 물질할 수 있어 오히려 홀가분했다. 할망이 물숨을 먹은 뒤 영등이 바다에 나가는 걸 못마땅히 여긴 아방 탓에 영등은 동생들을 보초 세우고 몰래 물질을 하던 터였다. 영등에게 아방은 멀리서 길을 잃지 않도록 빛을 보내주는 등대였다. 아방은 춘자나 연화 아방과는 달랐고, 그것은 영등에게 크나큰 자부심이었다.

마당이랑 올레*에 조짚을 깔고 미역을 넌 뒤, 영등은 저녁밥을 하면서 미역귀를 불에 구워 동생들 손에 들려주었다. 배고프다며 칭얼대던 영심은 그제야 이를 내보이며 웃었다. 영심이 미역귀를 씹다가 오라방들에게 입을 쩍 벌려 보였다. 영덕이 영심의 입 안에 거미줄처럼 늘어진 실 가닥을 보고는 질색하자 영심은 영덕에게 바싹 얼굴을 들이대면서 자지러졌다. 영심은 한 살 터울인 데다 키 차이도 없는 영덕을 만만히 여겼다. 영등은 순하고 어려서부터 병치레가 잦은 영덕이 안쓰러웠다. 그래서 영심이 영덕에게 기어오르면 호되게 나무랐지만 그때뿐이었다.

영등은 동생들의 웃는 모습에 고단함도 잊었다. 구운 미역귀를 입에 넣으니 비릿한 바다 내음이 입 안 가득 번졌다. 잇새까지 촘촘히 메워주는 미역귀의 찰기에 잠시 허기가 잦아드는 듯했다.

아침나절이 지나자 푹푹 쪘다. 영등은 조밭을 매다가 한참

---

* 길에서 집까지 연결된 아주 좁은 골목길.

만에 허리를 폈다. 눈앞에 끝없이 펼쳐진 푸른 조밭이 바다로 보였다. 영등은 당장 바다로 달려가 풍덩 뛰어들고 싶었다. 그러면 몸도 시원할뿐더러, 당장 손에 뭐라도 쥐고 나올 것이었다. 영등은 바다가 좋았다. 어릴 때부터 바다는 놀이 터였다. 바다 어딘가에 물고기 인간이 산다던데, 전생에 물고기 인간이었던 걸까? 추운 겨울 맨몸에 물소중이* 하나 걸치고 물에 드는 건 살을 찢는 듯한 고통이지만, 금방 잊고 또 들고 싶었다.

물질이 없는 날, 영등은 춘자네 농사를 거들었다. 영등은 손도 빠르고 일이 야무져 어른 한 사람 몫을 톡톡히 해냈다. 제주는 땅이 척박하고 바람이 심해 씨를 심은 뒤 바람에 날리지 않게 잘 밟아주고 싹이 난 뒤에도 김매기를 자주 해줘야 했다. 곡식 낱알은 호미 끝에서 맺히는 법이었다. 풀을 뽑고 흙을 부드럽게 해줘야 튼실하게 자라 알곡이 실했다.

"춘자야, 저기, 연화 아니멘? 누구랑 같이 오멘."

쌍둥이 팽나무 아래에 연화가 어떤 남자와 함께 걸어오고 있었다. 영등은 자전거를 끌고 오는 그가 누군지 짐작이 갔다. 야학 선생이 학생을 모집하러 다닌다는 소문을 들었던 터였다. 지난해 보통학교에 야학강습소를 열어 한글과 산술, 한자 등 기초적인 것들을 가르치고 있었다.

---

* 해녀들이 물질할 때 입던 옷으로, 가슴과 몸통만 겨우 가리는 짧은 홑옷.

"영등이랑 춘자, 제 친구들마씀. 애들아, 이분은 야학 선생님이멘. 인사드리라게."

연화는 생글생글 웃는 얼굴로 양쪽을 소개했다.

영등은 춘자와 함께 야학 선생에게 고개를 숙였다. 야학 선생은 호리호리했고, 얼굴이 해끔하니 생각보다 젊었다.

"반갑다. 난 강오규라고 한다. 공부 배우고 싶지 않니? 저녁 때 강습소에 나와서 공부하라."

영등은 동생들 뒷바라지를 위해 공부에 대한 열망을 오래 전 누름돌로 눌러버렸다. 그런데도 공부라는 말에 가슴이 뛰었다.

"세상이 바뀌어서 이젠 여자도 배워야 한다. 그래야 캄캄한 세상에서 벗어날 수 있주."

"당장 먹고 사는 게 캄캄하우다. 저녁엔 망건 짜야 해서 공부 배울 짬이 없수다."

영등은 차갑게 쏘아붙였다. 공부가 싫어서가 아니라 여건이 안 돼서 못 하는 거란 걸 똑똑히 밝히고 싶었다. 남루한 옷에 땀범벅인 자신에 반해 뽀얀 얼굴에 말쑥한 차림새인 상대에 대한 반감도 없지 않았다. 일종의 자기방어 같은 것이었다. 얼마 전부터 춘자 어멍에게 망건 짜는 걸 배우느라 짬이 없는 것도 사실이었다. 밤에 말총을 엮어 망건을 짜는 건 해녀들의 부업이었다. 섬엔 말이 많아 말총 구하기가 쉬웠다.

"혼자 동생들 돌본단 얘기 연화한테 들었어. 당장 한 치 앞의 어둠을 몰아내는 것도 중하지만, 그보다 중한 건 먼 데 있는 어둠을 물리치는 거주."

부드러우면서도 힘이 있는 목소리였다. 야학 선생은 누이 동생을 보듯 안타까움이 담긴 눈빛으로 영등을 바라보았다. 날 선 마음조차 둥글게 만드는 따스한 눈빛이었다. 영등은 거의 반사적으로 그것을 내쳤다. 할망이 세상을 뜬 뒤, 영등은 자신을 향한 사람들의 안쓰러운 눈빛이 싫었다. 자신에겐 세상 부럽지 않은 아방이 있었고, 상군 해녀가 되겠다는 포부도 있었다. 그리고 열넷이 된 지금, 삼촌들로부터 이미 아기 상군 소리를 듣고 있었다. 영등은 사람들의 연민을 뿌리치지 않으면 어항 안에 갇힌 물고기가 될 것 같았다. 영등은 드넓은 바다에서 돌고래처럼 맘껏 헤엄치고 싶었다.

"우리, 같이 공부 배우러 다니게."

연화 말에 춘자는 헤죽헤죽 웃으면서 영등을 보았다. 연화랑 춘자는 둘 다 재미난 놀이라도 생긴 양 들뜬 모습이었다. 영등은 그런 동무들이 내심 부러웠다.

영등은 고단한데도 잠이 오지 않았다. 야학 선생의 말이 귓가에 쟁쟁했다.

'당장 한 치 앞의 어둠을 몰아내는 것도 중하지만, 그보다 중한 건 먼 데 있는 어둠을 물리치는 거주.'

말만으로도 눈앞이 환해지는 느낌이었다.

영등은 자꾸만 야학으로 달려가는 마음을 잡아채며 마음속

으로 오기를 품었다. 공부가 아니더라도 어둠을 뚫고 나갈 수
있다고. 영등은 어금니를 깨물었다.

육지 멀미

나는 나중에 동생들 얼골에 빙삭빙삭 웃음꼿 피곡, 지뻐 포롱 포롱 뛰는 모습 생각하멍 힘들어도 참앗다.

마냥 물오른 삼월의 섬이 점점 멀어졌다. 다닥다닥 버섯 같은 집들, 검은 돌담, 돌담에 둘러싸여 조각보처럼 이어진 밭들……. 멀리서 어멍처럼 끝까지 남아 배웅해주던 한라산마저 시야에서 사라지자 영등은 마음을 주체하기 어려웠다. 영등은 이를 악물고 비어져 나오려는 눈물을 참았다. 그래야 동생들도 울지 않고 씩씩하게 견뎌낼 것만 같았다. 배가 떠날 때 포구가 떠나가게 울던 영심이, 양쪽 소매로 연신 눈물을 훔치며 흐느끼던 영덕이, 하늬바람에 골난 엿장수처럼 잔뜩 부어 발끝으로 땅만 찍던 영춘의 모습이 가슴을 저몄다.

울산으로 육지 물질을 가는 길. 배는 지물지 바람*을 타고 유유히 미끄러졌다. 영등 할망이 섬을 떠난 뒤로, 사납던 바람은 배부른 아이처럼 순해졌다. 올해엔 영등 할망이 며느리를 데리고 섬으로 온 모양이었다. 강남천자국에 사는 바람 신, 영등 할망은 음력 이월 초하루에 섬으로 와서 보름 동안 머문다. 사람들은 이 시기에 바람이 순하면 영등 할망이 딸과 함께 온 것이고, 바람이 사납고 날이 궂으면 며느리랑 온 것이라고 했다. 딸이랑 올 땐 딸을 곱게 보이고 싶어서 바람이 순하고, 며느리랑 올 땐 심술이 나서 날이 궂다는 것이었다. 영등 할망이 섬으로 오는 날, 마을에서는 영등맞이 굿을 하며 한 해 동안 바다에서 무탈할 것과 풍성한 수확을 빌었다. 영등 할망이 섬에 머무르는 동안 어부와 해녀들은 바다에 나가지 않았다.

보름 전, 울산으로 육지 물질 갈 사람을 모집한다는 말에 영등은 잠을 이룰 수 없었다. 얼마나 오랫동안 꿈꿔왔던 것인가. 불턱에서 삼촌들이 육지 물질 이야기를 들려줄 때마다 영등은 가슴이 뛰었다. 상군일수록 바깥물질 경험이 많았는데, 경상도, 충청도, 황해도, 나라 안뿐만 아니라 대마도, 다롄, 블라디보스토크 등 나라 밖까지 나갔다. 병자 수호 조약 수립 후, 일본에서 온 잠수기선들이 제주 바다 밭을 훑다시피 해 황무지로 변해버린 탓이었다. 전복은 씨가 마를 지경이었고, 해녀들

---

* 뱃길과 물흐름, 바람 방향이 같음.

은 철새처럼 먹이를 찾아 섬을 떠날 수밖에 없었다.

육지 물질은 봄에 나가 추석 전에 돌아오는데 잘만 하면 목돈을 손에 쥘 수 있었다. 영등은 내년이면 보통학교를 졸업하는 영춘을 제 손으로 상급학교에 보내고 싶었다. 영춘은 1등을 한 번도 뺏기지 않을 정도로 총명하면서도 심지가 굳은 아이였다. 아방이 편지와 함께 보내주는 우편환이 점점 뜸해져 영등은 애가 잦았다.

영등은 며칠 밤잠을 설친 뒤 결심을 굳혔다. 아홉 살 영심에게 살림을 맡기고 가는 게 마음에 걸렸지만, 자신도 그 나이에 집안 살림을 맡지 않았던가. 마음을 정하고 나자 이런저런 걱정 속에서도 분수없이 가슴이 설렜다. 영등은 선주에게 받은 전도금으로 부랴부랴 출가증을 받고 양식을 사다 놓고 동생들 의복을 손질했다.

배 안엔 해녀 열둘, 옥순이 삼촌의 세 살배기 아기 순아, 선주와 뱃사공까지 모두 열다섯이었다. 한뱃잠수*들의 운명을 쥔 선주는 마른 체격에 귀가 위에서 잡아 올린 듯 뾰족했고 휘어진 코에는 살집이 없었다. 배 한 귀퉁이엔 육지 물질을 하는 동안 먹을 양식, 땔감으로 쓸 말똥, 이불 등이 흡사 피난민들의 짐처럼 쌓여 있었다.

한뱃잠수들은 돌아가면서 통성명을 했다. 댕기 머리 처녀

---

* 같은 배를 타고 물질하는 해녀.

는 산호 가지 벗들 외에 한 명 더 있었다. 열여섯 살 순덕으로, 산호 가지 벗들보다 한 살 위였다. 그러나 산호 가지 벗들도 열여섯 살인 걸로 미리 입을 맞추었다. 나이가 어리면 육지 물질에 못 뽑힐까 봐 선주에게 나이를 속인 것이었다. 산호 가지 벗들과 마찬가지로 순덕도 초용*이었다.

"배 속 아는 몇 달이꽈?"

옥순이 삼촌이 납작한 바가지를 엎어놓은 듯 배가 부른 삼촌에게 물었다.

"넉 달쯤 됐수다. 스물에 애 없다고 시집에서 쫓겨나, 새 서방 만나자마자 들어섰수다. 시집에서 쫓겨나면서 도적놈이든 백정이든 아무라도 만나 애를 낳고야 말겠다고 생각했수다."

"에구! 아들 씨가 쭉정이인 줄도 모르고 애먼 밭만 탓했수다. 헌 시집살이 얘긴 들어보나 마나이고 새 시집살인 어떻수꽈?"

"가랑잎으로 똥 싸 먹게 가난한 집에 장닭 같은 시아방이랑 암탉 같은 시어멍, 문어 같은 서방이랑 그냥저냥 살주양."

"애아방이 밤낮으로 문어마냥 쩍쩍 잘도 달라붙나 보우다. 하하하하!"

"에구! 비바리들 앞에서 별말을 다……."

배부른 삼촌은 민망한 듯 옆의 새각시 삼촌을 보며 웃었다.

---

* 첫 출가물질.

눈매가 곱고 음전해 보이는 새각시 삼촌은 배부른 삼촌이랑 한마을에 살았다. 시어멍 성미가 여간 고약하지 않아 배부른 삼촌이 일부러 데리고 나왔다고 했다.

옥순이 삼촌의 짓궂은 농에 춘자는 자라목이 되어 키득거렸다.

"혼인도 안 한 비바리가 잘도 좋아한다게. 춘자, 올가을에 족두리 쓰는 거 아니라?"

옥순이 삼촌이 머리에 족두리를 얹는 시늉을 하며 웃었다.

"그럼 그쪽 애기 아방은 어떻수꽈?"

이번엔 배부른 삼촌이 옥순이 삼촌에게 물었다.

"육지 가서 공부하느라 서방 얼굴 본 지 오래됐수다. 물질해서 학비에 생활비에 돈 대기 바쁘주만, 그래도 잘도 보람 있수다."

옥순이 삼촌은 손가락을 꼽아보더니 배에서 아기를 낳을 수도 있겠다면서 앞으로 배선이라고 부르겠다고 했다. 배선이 삼촌은 옥순이 삼촌보다 한 살 많았고, 새각시 삼촌은 스무 살로 옥순이 삼촌이랑 동갑이었다.

한동안 시끌벅적하던 배 안이 조용해졌다.

영등은 물마루를 바라보았다. 섬에서 멀리 금줄처럼 보이던 그곳을 지금쯤이면 넘었을까? 물마루는 섬에서 볼 때처럼 아득히 멀었다. 그리고 그것은 한 치도 가까워지지 않았다. 저 너머엔 육지가 있을 것이다. 섬 너머에 다른 세상이 있다는 걸

안 순간부터 동경해온 곳이었다. 그곳은 어떤 세상일까? 영등은 동생들 걱정으로 마음이 무거우면서도 주책없이 가슴이 뛰었다.

중천에 있던 해가 기울기 시작하면서 바람이 거세졌다. 하얀 물비늘로 뒤덮여 수백만 마리의 멸치 떼가 헤엄치는 것 같던 바다가 검푸르게 일렁였다. 거무스름한 곰팡이, 허연 소금 얼룩, 갈매기 똥…… 바다를 수없이 오고 간 흔적들이 훈장처럼 새겨진 황포 돛이 푸르르 핏대를 세우며 곤두섰다. 노련한 사공은 아이를 달래듯이 용두줄을 느슨하게 풀어주었다. 용두줄을 당길 때마다 끽끽 쇠 울음소리가 요란했다. 성난 돛은 차츰 누그러지며 배를 불룩 내밀었다.

드디어 육지에 도착했다. 섬을 떠난 지 나흘 만이었다. 일기가 좋지 않은 탓에 포구에 묶여 항해가 길어졌다.

울산 방어진 포구는 하품하는 암소의 입 속처럼 고즈넉했다. 구멍 숭숭 난 갯바위가 보이지 않는 것 말고는 제주 섬이랑 별반 다르지 않았다. 제주 섬의 갯가엔 바다가 벗어놓은 허물인 듯 어디나 거뭇한 갯바위가 널려 있었다. 섬과 크게 다를 것 없는 육지 모습에 영등은 안도감을 느끼면서도 아쉬움이 없지 않았다. 섬과는 다른 별천지 모습의 육지를 늘 상상해왔기 때문이었다.

"여기가 저승 아니고 육지 맞으멘?"

뱃멀미로 얼굴이 노래진 연화가 다 죽어가는 소리로 말했다.

"고연화! 여긴 저승이다! 이승에서 지은 네 죄를 낱낱이 고하라!"

평소 같으면 주거니 받거니 한참 노닥거릴 텐데, 기력 없는 연화는 춘자에게 눈만 흘기고 말았다.

한뱃잠수들은 바닷가 성끝마을에 둥지를 틀었다. 댕기 머리 넷은 한 집에 묵기로 했다. 사립문 양옆에 동백나무가 문지기처럼 서 있는 집이었다. 엄동설한에도 섬을 붉게 밝혀주는 동백. 영등은 타향에서 그것을 보니 피붙이를 만난 듯 반가웠다.

영등은 문 안으로 들어서다 발끝에 떨어진 동백꽃 송이를 주워 들었다. 고향을 떠나와서일까? 동백의 붉은빛이 유난히 선연하게 느껴졌다.

부엌에 딸린 방은 네 명이 겨우 누울 정도로 비좁았다. 그러나 일엽편주를 벗어난 것만으로도 감지덕지했다. 순덕은 방에 들자마자 머뭇머뭇 자신의 실제 나이를 밝히면서 산호 가지 벗들에게 언니라고 부르겠다고 했다. 순덕도 나이를 한 살 속인 것이었다. 춘자는 마치 빼앗긴 나라를 되찾기라도 한 듯이 순덕을 안고 펄쩍펄쩍 뛰며 좋아했다. 순덕도 산호 가지 벗들이랑 동갑이란 걸 알고는 덧니를 내보이면서 환하게 웃었다.

한바탕 수선이 가라앉고 나자, 연화랑 춘자는 목걸이를 두고 실랑이를 벌였다.

포구에 맨 줄을 풀고 배가 막 움직이기 시작할 때였다. 황급히 달려온 갯동이 배 안으로 작은 헝겊 뭉치 하나를 던졌다. 그것은 춘자 치마폭으로 떨어졌는데, 갯동은 머리를 긁적이며 뭐라 말하려 말고는 후다닥 달아났다. 무명 헝겊 안엔 오분자기 껍데기로 만든 물방울 모양의 목걸이가 들어 있었다. 어찌나 매끈히 갈아냈는지 무지갯빛이 영롱했다.

"이 목걸이, 연화 니 거 같다게. 개똥이가 전부터 널 좋아하는 눈치던디…….”

"무슨 소리? 너한테 던졌으니 니 거주게. 근데 목걸이 참말로 예쁘멘."

연화는 자기 게 아니라면서도 목걸이엔 은근히 탐을 내는 눈치였다.

말수 없는 순덕이 목걸이를 들고 요리조리 보더니 조심스레 한마디 했다.

"내 생각엔 이거 만든 사람 맘이 보통 맘이 아닌 거 같은디……. 주인이 바뀌면 안 될 거 같으멘."

"개똥이가 요전에 이거 주려고 느네 집을 기웃거렸나 보멘. 날 보더니 놀라 도망가더라.”

연화 말에 춘자 낯빛이 환해졌다.

"그게 참말이라? 그럼 내가 가지고 있다가 나중에 개똥이에게 물어보까?"

발그레한 춘자 얼굴엔 좋아하는 기색이 역력했다. 누군가 제 걸 맘에 두는 눈치면 선뜻 내어주는 평소와는 사뭇 다른 모습이었다.

영등은 문 옆, 끄트머리에 누웠다. 천장이 일렁일렁 바다처럼 움직였다. 몸이 흔들리는 것 같으면서 어지럽고 속이 메스꺼웠다. 눈을 감아도 마찬가지였다. 육지 멀미였다. 흔들리는 배에 몸이 적응된 것이었다. 몸이 괴로운데도 어둠 속에서 생쥐처럼 까막까막 눈을 굴리며 있을 동생들 걱정이 머릿속에서 떠나지 않았다. 영등은 아무 시름 없어 보이는 동무들이 한없이 부러웠다. 그리고 동무들에게 공연히 서운한 마음마저 들었다.

숨의 무게

이디가 이승 아니곡 저승이다, 영 생각 들엇다. 할망이 '잠녀로 태어나느니 쉐로 태어나주.' 햇신디 그 말 무시건지 알아질 거 닮다.

삼월의 바닷바람은 맵찼다. 가슴에서부터 엉덩이까지만 겨우 가린 물옷 밖으로 드러난 살에 좁쌀 같은 소름이 일었다. 얼음장 같은 바닷물에 몸을 밀어 넣자 몸이 시리다 못해 통증이 느껴졌다. 깊이 들수록 찬기는 더해 수만 개의 바늘이 몸에 박히는 것 같았다. 아무리 추운 날이어도 물속에 들어가면 오히려 견딜 만한 섬과는 달랐다.

어슴푸레하던 바닷속은 차츰 어둠을 벗었다. 한들거리는 붉은 우뭇가사리 숲 위로 황금빛 햇살이 쏟아졌다. 전설 속의 거대한 새가 잠에서 깨 막 날아오르려는 것 같았다.

영등은 물질을 시작하기 전, 한지에 쌀을 담아 만든 지를 바위틈에 끼워 넣었다. 삼촌들에게 배운 대로 지드림*을 한 것이었다.

"용왕님! 요왕지 드림수다. 천초랑 전복, 소라 많이 거두게 도와줍서. 전라남도 제주군 구좌면 하도리에 사는 열다섯 살 김영등, 몸지도 드립니다. 육지 물질 내내 무탈하게 해줍서."

영등은 양손을 부지런히 놀리며 우뭇가사리를 캤다. 영등의 숨이 차곡차곡 망사리에 담겼다. 섬에선 우뭇가사리를 천초라고 했다. 그것을 팔아 양식을 사는 건 물론이고, 밭도 사고 집도 샀으니 하늘에서 내린 풀이라 할 만했다. 천초를 캘땐 늘 조심해야 했다. 눈앞에 가득 널린 천초에 눈이 멀어 자칫 숨이 다하는 걸 잊을 수 있기 때문이었다. 욕심의 대가는 커 때로 목숨을 치러야 했다.

물에 든 지 반 시간쯤 되었을까? 점점 몸이 얼어붙어 손도 다리도 마음대로 움직여지지 않았다. 영등은 이를 악물고 버티다 배 위로 올랐다. 꽁꽁 언 몸은 제 몸 같지 않았다. 이가 딱딱 부딪치고, 언 발바닥은 감각이 없었다.

영등이 모닥불에 언 몸을 녹이고 있는데, 순덕이 오들오들 떨며 다가왔다. 입술이 파랗다 못해 검은빛이었다.

---

* 쌀을 한지에 싸서 바다에 바치는 풍습으로 안전조업과 풍어를 위해 용왕님께 드리는 '요왕지'와 자신의 몫인 '몸지'가 있음.

"얀 이제 처음 나왔는디 넌 대체 몇 번째고? 고로코롬 쥐가 풀방구리* 드나들데끼 해서 전도금 받은 거나 갚겄냐?"

선주가 영등을 가리키면서 순덕에게 소리쳤다. 순덕은 몸을 잔뜩 웅크린 채 선주의 눈치를 보면서 동냥하듯이 불을 쬐었다.

"고마 인나 물에 드가라. 퍼뜩 안 인나나?"

순덕이 자리에 앉은 지 얼마 되지도 않아 선주는 버럭 소리 지르며 모닥불에 물을 끼얹으려 했다.

순덕은 몸을 달달 떨며 뱃전에 선 채 물에 들지 못했다. 선주는 그런 순덕을 억지로 바다로 밀어 넣었다. 영등은 자신이 낭떠러지로 떨어진 듯 가슴이 철렁했다.

"선주님, 너무하신 거 아니우꽈?"

영등이 인정머리 없는 처사에 욱해 따지자 선주는 영등에게 눈을 부라렸다. 영등은 험악한 선주 얼굴에 가슴이 벌렁거렸다. 그때 옥순이 삼촌이 배 위로 올라서며 소리쳤다.

"봅서! 선주님이 옷 벗고 물에 들어가봅서. 추워서 벌벌 떠는 앨 그렇게 막무가내로 처넣었다가 변 당하면 책임질 거꽈?"

선주는 반장인 옥순이 삼촌에겐 뭐라 대꾸하지 못했다.

옥순이 삼촌의 말은 마치 예언처럼 적중했다. 물에 들어간

---

* 풀을 담아 놓는 질그릇.

지 얼마 안 돼 순덕은 얼굴이 새파래져 다시 나왔고, 배 위로 올라서자마자 그만 까무러치고 말았다. 옥순이 삼촌은 수건을 따뜻한 물에 적셔 얼굴이랑 몸을 문질렀고, 영등은 팔이랑 다리를 주물렀다. 얼마 뒤, 시퍼렇던 몸에 혈색이 돌기 시작하더니 순덕이 깨어났다.

"봅서! 선주님! 야 잘못됐으면 어떡할 뻔했수꽈? 아무리 돈만 있으면 비바리 붕알도 산다지만, 사람 나고 돈 났지 돈 나고 사람 났수꽈? 이렇게 패악스럽게 굴면 작업 못 하니 당장 배 돌립서. 우리, 물질 때려치우고 섬으로 돌아갈 거우다."

선주는 옥순이 삼촌의 항의에 입이 붙어버린 듯 먼바다만 보았다.

사월로 접어들면서 높새바람이 강하게 불고 비가 잦아 물에 들지 못하는 날이 많았다. 봄잠은 덤불에 걸려도 잔다지만, 영등은 불어나는 이자 생각에 잠도 오지 않았다. 작업한 돈은 육지 물질을 모두 마친 뒤에야 받을 수 있어 그동안 불어나는 이자를 복리로 고스란히 물어야 했다. 물질을 쉬는 날이면 방에 둘러앉아 물옷에 수를 놓기도 하고, 방물 장수에게 소라와 바꿔 장만한 광목으로 개짐*이며 고쟁이 등을 만들었다.

물질을 쉬어도 때는 거를 수 없어, 식량이랑 된장은 야금야

---
* 생리대.

금 줄었다. 물질을 쉬는 날이 늘수록 영등은 바작바작 속이 탔다. 연화랑 춘자는 천하태평으로 시장 구경 가자, 육지 남자 구경 가자, 한가한 소리를 하며 영등의 속을 긁었다. 순덕은 물질을 못 하는 날이면 십 리 밖 절을 찾아가 병석에 있는 어명을 위해 꼬박꼬박 백팔배를 하고 돌아왔다. 병이 잦은 어명 대신 어릴 때부터 집안 살림을 맡아 해온 거나 동생들이 줄줄이 딸린 것, 일찍 철이 든 것…… 순덕은 영등이랑 닮은 게 많았다. 몸을 가만두지 않는 것도 같아 순덕은 틈만 나면 손바닥만 한 방을 닦고 또 닦았고, 제 옷 빨 때 동무들 옷까지 거두어 빨았다. 영등은 그런 순덕이 종종 친자매처럼 느껴졌다.

물질을 쉬는 날, 영등은 된장이랑 김치라도 얻을 요량으로 동무들과 함께 틈틈이 주인집 밭일을 거들었다. 섬의 밭은 돌이 많고 메말라 호미 날이 파고들기가 쉽지 않았지만, 육지 밭은 갓 쪄낸 시루떡처럼 흙이 물렀다. 땅이 기름져 무쇠를 묻어놓아도 싹을 틔울 것 같았다.

사월 중순에 접어들면서 다행히 연일 명주 바다였다. 쉴 새 없이 천초를 거둬들여 마당이며 길바닥은 온통 천초로 발 디딜 틈이 없었다.

"난 마른 천초를 보면 맘이 울적해지멘."

연화는 천초를 자루에 담다 말고 쓸쓸한 표정을 지었다. 마를수록 붉은빛이 짙어지는 고추와 달리 붉은 천초는 햇볕에 마를수록 하얘졌다.

"자다 무슨 봉창 두드리는 소리 햄시니?"

영등은 생뚱맞은 말에 연화를 돌아보았다.

"붉고 곱던 천초가 이렇게 허옇게 변하는 거마냥 우리 청춘도 그럴 거 아니? 평생 바다에서 물질만 하다 늙을 거 생각하니 잘도 슬프멘."

"해가 져도 울적, 비가 와도 울적, 넌 울적할 일이 많기도 하다."

영등은 봄바람에 나부끼는 버드나무처럼 팔랑팔랑 기분이 달라지는 연화가 그저 철없게만 느껴졌다.

"우린 평생 안 늙고 이팔청춘이면 좋겠다. 늙어서 허리 꼬부랑하고, 이 빠진 우릴 생각하니 잘도 슬프멘."

연화 옆에서 천초를 자루에 담던 춘자가 갑자기 눈물을 툼 벙툼벙 떨구며 말했다.

"춘자, 너까지 왜 그러니? 정신 사납게!"

"연화 말 들으니까 그냥 눈물이 나오멘. 나중에 우리 중 누구 하나 죽기라도 하면……. 흐흐흑!"

춘자는 누가 죽기라도 한 양 소리 내 흐느껴 울었다.

"하나는 피리 불고 하나는 곡하고, 쌍으로 청승 그만 떨고 연화, 소리나 한 자락 해보라게."

영등은 분위기도 바꾸고 귀 호강도 할 겸 연화에게 노래를 청했다.

"난 연화가 소리하는 거 들으면 기분 잘도 좋으멘."

옆에서 말없이 천초를 담고 있던 순덕도 슬쩍 부추겼다.

"그럼 관아에서 일하는 삼춘한테 새로 배운 노래, 한번 해보카?"

언제 울적했냐 싶게 연화 얼굴에 금방 화색이 돌았다.

아침에 우는 새는 배가 고파 울고요

저녁에 우는 새는 님이 그리워 운다

느영나영 두리둥실 놀고요

낮에 낮에나 밤에 밤에나 상사랑이로구나

백록담 올라갈 땐 누이 동생 하더니

한라산 내려오니 서방 각시가 되노라

......

연화는 당싯당싯 어깨춤을 추며 노래를 불렀다. 목소리는 간드러졌고, 얼굴엔 교태가 넘쳐 흘렀다. 낯선 곡조에 처음 듣는 노래인데도 노랫말이 귀에 착착 감겼다.

"느영나영 두리둥실 놀고요, 노래가 야들야들하니 몸에 벌레 기어가는 거 같다. 히히히!"

춘자는 후렴구를 따라 부르고는 몸을 배배 꼬며 웃었다. 방금까지 눈물 바람 하던 동무가 맞나 싶었다.

"연화는 얼굴도 곱닥하고 노래도 잘하고, 가수 하면 좋겠신게."

순덕이 송곳니 옆의 덧니를 드러내며 배시시 웃었다.

"그럼 얼마나 좋으카? 육지 나오면 좀 달라질까 했신디, 이렇게 맨날 천초나 주무르고, 내 팔자도 참……. 후우!"

"입 다물고 후딱 천초나 담으라. 순덕이도 연화한테 괜히 헛바람 넣지 말고."

영등은 해찰 떠는 동무들을 다그쳤다.

공판장은 인근으로 물질 온 해녀들 말고도 선주, 거간꾼, 조합에서 나온 서기, 전주 등으로 북적였다. 모두 해녀들의 피를 빨아먹는 흡혈귀 같은 자들이었다. 해녀들이 채취한 천초는 일본인 전주가 모두 사들였다. 어업조합장인 도사(道使)에게 입어료*를 내고 바다 밭을 산 자들이었다. 해녀들이 미리 받아 쓴 전도금도 이들한테서 나온 것이었다. 그들은 해녀들로부터 천초를 헐값에 사들인 뒤 비싼 값으로 해조 회사에 되팔았다.

대저울에 영등의 천초 자루가 매달렸다. 영등의 숨값이 매겨지는 순간이었다. 영등은 고개를 쑥 빼고 저울 앞을 지켰다. 저울을 볼 줄은 몰랐지만, 대략의 근수를 가늠할 수는 있었다. 거간꾼이 매긴 근수는 영등이 눈대중으로 가늠한 거랑 열 근 정도 차이가 났다. 전주랑 거간꾼, 서기, 모두 하나가 되어 농

---

* 일정한 구획 어업권에 속하는 어장에 들어가 어업 행위를 하는 대가로 어장의 어업권자에게 내는 요금.

간을 부리는 게 훤히 보였다. 그들이 까막눈인 해녀들을 속이는 것은 식은 죽 먹기였다.

"몇 근 빠지는 거 같은디, 잘 쟀나 다시 한번만 재봐줍서."

"이 쌍년이 뭐라카노? 눈깔 있으면 똑똑히 봐라. 콱 그냥……."

거간꾼이 험악한 얼굴로 영등을 을렀다.

영등은 맥이 확 풀려 옥순이 삼촌에게 하소연했다.

"삼춘! 저울눈 속이는 게 빤히 보이지 않수꽈? 살점 떨어져나가는 거 같수다."

"속임질하는 거 다 알주만, 우리가 힘없으니 어쩔 수 없주게. 저들한테 밉보이면 그나마 육지 물질도 못 나오니……."

옥순이 삼촌은 이런 일에 이미 굳은살이 박인 모습이었다.

영등은 생각할수록 분해 잠이 오지 않았다. 앞으로도 속수무책으로 저들에게 당할 게 뻔했다. 영등은 문득 지난여름 야학 선생이 했던 말이 떠올랐다.

'당장 한 치 앞의 어둠을 몰아내는 것도 중하지만, 그보다 중한 건 먼 데 있는 어둠을 물리치는 거주.'

야학 선생을 만난 뒤 배움에 대한 열망이 꿈틀거릴 때마다, 영등은 독기를 품었다. 두 눈 부릅뜨고 어둠을 헤치고 나갈 자신이 있었다. 어릴 때부터 소망해온 상군 해녀의 꿈에도 어느덧 가까이 다가간 터였다. 상군 해녀가 되기만 하면 앞이 훤해질 줄 알았다. 그런데 칠흑 같은 어둠 속에서 누군가 자꾸 발

목을 잡아채는 느낌이었다. 잘못하다간 먼 데 있는 어둠은 고사하고 한 치 앞의 어둠도 벗어나지 못할 것 같았다.

깊어가는 밤처럼 영등의 마음속 어둠도 점점 깊어졌다.

혼백상자 등에 지고

> 나라 엇이난 설룹곡, 여자로 태어낭 설룹곡, 까막눈이난 설룹
> 다. 궤 속 가찌 왁왁하난 잘도 설룹다.

영등은 배에서 새우잠을 잔 뒤 눈을 떴다.

온통 안개뿐이었다. 멀리서 닭 우는 소리가 들렸지만, 아침
은 안개에 포박당한 채 기지개를 켜지 못했다.

안개가 시나브로 걷히기 시작했다. 안개에 잠긴 바다는 흡
사 분만실에 누워 있는 임부 같았다. 바다의 자궁 문이 열리면
서 거뭇한 머리 두 개가 보였고, 이내 봉긋봉긋 미끈한 쌍둥이
섬을 낳았다. 산실엔 출산하느라 용을 쓰며 뿜어낸 열기가 희
미하게 서려 있고, 비릿한 냄새가 진동했다. 산모의 몸에서 쏟
아진 양수는 허연 거품을 쓴 채 모래밭으로 달려갔다. 상기된

얼굴로 해산을 지켜보던 하늘은 바다에게 붉은 심장을 꽃다발처럼 안겨주었다. 하늘의 심장을 받아 안은 바다는 얼굴을 붉히며 부르르 몸을 떨었다. 그사이 쌍둥이 섬은 뿌연 태지를 벗고 말끔해졌다.

선주는 쌍둥이 섬 가까이 배를 댔다. 쌍둥이 돌섬 위엔 소나무가 외로이 깃발처럼 서 있었다.

이여싸나 이여싸나
소라랑 잡거들랑
닷섬만 잡게 하고
전복이랑 잡거들랑
여든 섬만 잡게 합서
……

실안개가 한뱃잠수들의 노래를 물고 슬금슬금 꽁무니를 뺐다.

한뱃잠수들은 석 달 넘게 울산에서의 천초 작업을 마치고 어젯밤 구룡포에 도착했다. 배에서 숙식하면서 작업 장소를 찾아다니며 물질하는 뱃물질을 떠나온 것이었다. 한뱃잠수들은 선주에게 수확의 삼 분의 일을 뱃삯으로 떼어주기로 했다.

한뱃잠수들은 풍덩풍덩 테왁을 안고 꽃을 찾는 벌들처럼 제각각 흩어졌다. 영등은 쌍둥이 섬에서 되도록 멀리 갔다. 쌍둥이 섬의 뿌리는 생각보다 깊었다. 물이 깊어 머리를 죄는 압박감이 심했지만, 그곳엔 전복이 널려 있었다. 망사리는 금방 차올라 한낮이 훌쩍 지났을 땐, 중간에 있는 호름세기*를 풀어 늘렸는데도 터질 듯이 꽉 찼다. 테왁이 망사리의 무게를 이기지 못해 물에 잠긴 채 겨우 떠 있을 정도였다. 영등은 어음**에 묶인 뱃도롱줄***이 망사리의 무게를 견디지 못하고 끊어질까 두려웠다. 물에 들기 전에 망사리가 터진 곳이 없는지, 어음이며 뱃도롱줄을 점검했는데도 불안했다.

꿈이 참 용했다. 전날 밤, 뒷간에서 볼일을 보는데 돼지가 똥을 받아먹는 꿈을 꾸었다. 황금색 똥이 가래떡 나오듯이 끊이지 않고 나왔고, 그것을 돼지가 꾸역꾸역 달게 먹었다. 남들이 길몽이라고 하는 똥꿈이랑 돼지꿈을 한꺼번에 꾼 것이었다.

저녁 무렵, 포구에 정박한 배 안에선 막걸리 잔치가 벌어졌다. 옥순이 삼촌의 성화에 영등이 막걸리를 낸 것이었다.

"나도 오늘 밤 황금 똥꿈 꿔서 전복 많이 캘 거."

연화는 영등의 꿈 얘기를 듣더니 부러운 듯 눈에 불을 켰다.

"연화가 물질에 욕심낼 때가 다 있다. 황금 똥꿈 꾸려 애쓰다가 똥이나 싸지 말라."

춘자 말에 배 안은 웃음바다가 되었다.

---

* 채취한 해산물의 양에 따라 망사리 크기를 조절할 수 있는 끈.
** 망사리에 그물을 끼워 고정시키기 위해 나무나 대로 만든 둥근 테두리.
*** 탯줄이라는 뜻으로 테왁과 망사리를 연결한 끈.

"바다에서 욕심부리면 큰일 난다. 바다에 들 땐 한 빛깔이어도, 나올 땐 천 층 만 층 구만 층이란 말 못 들었니? 다들 제 분수대로 해야주. 저승 구경 빨리하고 싶으면 욕심부리라."

옥순이 삼촌 말에 모두 수굿해졌다.

"영등아, 넌 돈 벌면 뭐 할 거?"

순아를 품에 안은 순덕이 불쑥 영등에게 물었다.

"동생들 월사금 내고, 옷도 사주고, 배부르게 먹이고……."

"넌 맨날 동생들밖에 모르멘? 너도 하고 싶은 게 있을 거 아니? 난 돈 벌면 고운 치마저고리도 사고, 분도 사고, 사고 싶은 게 잘도 많은디."

생각만 해도 기분이 좋은지 연화 얼굴이 발그레했다.

영등은 동생들에게 해주고 싶은 것 말고는 다른 욕망이 없었다. 단 하나의 욕망이 있다면 공부를 하는 것이지만 그마저도 일찌감치 눌러버렸던 터였다.

"나도 너처럼 어멍 갖고 싶으멘."

웃자고 한 얘기였는데, 갑자기 콧등이 시큰해졌다. 내색하진 않았지만, 영등은 춘자랑 연화가 부러울 때가 많았다. 병치레가 잦아도, 욕쟁이 어멍이어도 그들에겐 어멍이 있었다. 영등은 어멍은 고사하고 할망만 살아 있어도 원이 없을 것 같았다.

"영등아, 그런 소리 하지 말라게. 잘못하면 어멍 아흔아홉 생긴다."

옥순이 삼촌이 자못 심각한 얼굴로 말했다.

"그게 무슨 말이우꽈? 어멍이 꼬리 아흔아홉 달린 여시도 아니고……."

"시아방이 아흔아홉 색시 얻으면 시어멍이 아흔아홉 아니? 팔자 세면 그럴 수도 있주게."

옥순이 삼촌 말에 한뱃잠수들 모두 징그러운 벌레라도 본 양 얼굴을 찡그렸다.

"저는 돈 벌면 우리 어멍, 의원 데려가서 병 고칠 거마씀."

순덕이 수줍게 입을 열었다. 순덕이 병석에 있는 어멍을 동생들에게 맡기고 육지 물질을 떠나온 건 어멍의 병을 고치기 위해서였다. 순덕은 매일 새벽 눈 뜨자마자 정화수를 떠놓고 어멍을 위해 치성을 드렸다.

"착한 딸이 저승서 번 돈 서러워서라도 어멍 벌떡 일어날 거라게. 우리 해녀들 저승서 돈 벌어서 이승서 쓰주."

옥순이 삼촌이 순덕을 위로했다.

"순덕인 참말로 효녀다. 나도 나중에 순덕이같이 착한 딸 낳고 싶다게."

새각시 삼촌이 순덕의 머리를 쓰다듬었다. 삼촌은 죽은 동생을 닮았다면서 순덕을 친동생처럼 예뻐했다.

순덕의 품에 안긴 순아도 순덕의 얼굴을 어루만졌다. 땡볕에 그을려 얼굴이 조약돌처럼 반들반들한 순아는 이름처럼 순해 배가 제집인 양 잘 놀았다. 모두 바다에 들고 사공이 한눈

파는 사이 바다에 빠진 적이 있는데, 마침 배 가까이 있던 순덕이 덕분에 목숨을 건질 수 있었다. 어린 순아는 그걸 아는 듯이 별나게 순덕을 따랐고, 순덕 또한 틈만 나면 순아를 품에 안고 물고 빨며 귀여워했다.

유월이지만 육지에서 불어오는 밤바람은 몹시 찼다. 짐승처럼 배에 웅크리고 누운 한뱃잠수들 머리 위로 별들이 쏟아져 내릴 듯이 가득했다.

영등은 고단한데도 잠이 오지 않았다. 낮에 전복을 훑다시피 한 게 마치 꿈만 같았다. 영등은 얼른 날이 밝아 물에 또 들고 싶었다. 머리 위, 배가 불룩한 달마저 살이 통통한 전복으로 보였다.

영등은 눈을 감고 애써 잠을 청했다.

초복이 지나 한뱃잠수들은 설악산 앞바다로 자리를 옮겼다. 그곳엔 섬의 주먹만 한 뿔소라와는 달리 뿔도 없고 잘지만, 소라가 제법 있었다.

점심때가 지나 순덕은 자리에서 일어나 물옷을 입었다.

"좀 더 누워 있지 않고……. 아직 몸도 성치 않은디."

햇볕에 타 불에 구운 질항아리 같은 순덕의 몸엔 아직 미열이 있었고, 벌겋게 부어오른 다리도 가라앉지 않았다.

이틀 전, 순덕은 물이슬*에 쏘였다. 한낮에 순덕은 귀신을 보았다며 혼비백산해 배 위로 올랐다. 소라를 따고 돌아서는데 바로 눈앞에 허연 해골바가지가 보이더니 순식간에 여러 모습으로 둔갑을 하더란다. 옥순이 삼촌은 물이슬이라면서 바다에서 죽은 처녀 귀신이 물이슬이 된다고 했다. 붉게 부풀어 오른 순덕의 왼쪽 허벅지엔 채찍에 맞은 듯 붉은 줄 몇 개가 생겨났다. 국수 가닥 같은 촉수에 살이 스친 것이었다. 순덕은 다리 통증이 심한 데다 고열에 춥다며 몸을 떨었다. 속도 메스껍다고 했고, 정신이 아뜩해지는지 헛소리까지 했다. 물이슬 중에서도 하필 지독한 놈한테 걸린 것이었다.

옥순이 삼촌은 순덕의 허벅지에 된장을 바르고 막걸리를 먹였다. 갖은 방도에도 소용이 없자 몸에 달라붙은 처녀 귀신을 달래줘야 한다면서 순덕을 사공의 등에 업히고 사공의 오줌을 받아 다리에 뿌렸다. 그런데도 차도가 없자 삼촌은 사공이 애아방이라 효험이 없는 것 같으니 이참에 육지 신랑이나 골라보라며 푸념 섞인 농을 했다. 그러자 순덕이 죽을병에 걸린 양 눈물을 질금거리던 춘자는 귀가 솔깃해져 이곳 산을 닮아 총각들도 우람할 거라면서 키득거렸다. 연화는 한술 더 떠 육지 총각 하나씩 구해 합동으로 족두리 쓰자며 수선을 떨었다.

순덕이 누워 있는 동안, 선주는 운도 지지리도 없어 시원찮

---

* 해파리.

은 애가 얼어걸렸다며 온갖 욕설을 퍼부었다. 몸이 회복되기도 전에 순덕이 자리에서 일어난 것은 선주의 눈총 탓도 있을 것이었다.

물옷을 입은 순덕이 테왁이랑 망사리를 들고 일어섰다.

"다리가 남의 살 같다더니 돌아완?"

순덕은 말없이 고개를 저었다. 영등은 성치 않은 몸으로 물에 드는 순덕을 말리고 싶었지만, 어차피 소용없을 터였다. 순하고 착한 순덕이지만 고집만큼은 고래 심줄처럼 세서 마음먹은 일은 꼭 하고야 마는 성미였다.

얼마 전 비바람이 세찬 날, 순덕은 동무들이 모두 말리는데도 낙산사에 다녀오겠다는 고집을 꺾지 않았다. 이름난 절이니 꼭 가보고 싶다는 것이었다. 어멍의 병을 낫게 해달라는 순덕의 기원은 그야말로 지극정성이었다. 영등은 차마 순덕을 혼자 보낼 수 없어 주인집에서 도롱이를 빌려 쓰고 따라나섰다. 함께 백팔배를 하고 절에서 내려오는 길에 순덕은 뜻밖의 말을 했다.

"영등아, 나 효녀 아니라. 내가 어멍 병 낫게 해달라고 치성드리는 거, 어멍 위해 그러는 것도 있주만, 그게 다 날 위한 거 주게. 어멍 죽으면 동생들 치다꺼리하다 늙어 시집도 못 갈까봐……. 나도 시집가서 아들딸 낳고 서방이랑 오순도순 살고 싶으멘."

"니가 성인군자도 아니고, 그런 맘 드는 거 잘못 아니다."

"내가 이렇게 나쁜 생각을 하는디 내 치성이 닿을지······."

순덕은 말을 잇지 못한 채 도롱이가 들썩일 정도로 흐느꼈다.

영등은 그때 생각이 떠올라 콧등이 시큰했다.

영등은 물에 들기 전에 순덕의 손을 잡았다. 순덕이 영등의 눈을 보면서 말없이 고개를 끄덕였다. 조심해라, 걱정하지 마라, 영등이랑 순덕은 서로의 눈빛에 담긴 말을 읽었다. 낙산사에 함께 다녀온 뒤로 둘은 눈빛만으로도 마음을 나눌 수 있었다. 부쩍 가까워진 둘의 모습에 연화는 가끔 영등에게 질투 어린 투정을 하곤 했다.

한참 물질하다 영등이 테왁에 기대어 쉬고 있을 때였다. 흥분한 연화 목소리가 들렸다.

"저기, 돌고래 아니?"

물마루 쪽에서 포물선을 그으면서 돌고래들이 다가오고 있었다. 가까워질수록 반들반들한 몸이 햇빛에 도자기처럼 빛났다. 돌고래들은 같이 놀자는 듯이 한뱃잠수들 주위를 빙빙 돌았다.

"배알로! 배알로! 배알로! ······."

한뱃잠수들은 둥글게 모여 손을 잡고 힘차게 외쳤다. 돌고래들이 배 아래로 얌전히 지나가라는 뜻이었다. 돌고래는 사람을 해코지하진 않지만, 큰 몸집에 부딪히기라도 하면 큰일이었다.

영등은 입으로는 배알로를 외치면서도 가슴이 마구 뛰었

다. 옛이야기 속 영등이 돌고래를 타고 놀지 않았던가. 섬에서도 본 적이 있어 마치 고향에서 벗들이 찾아온 듯이 반가웠다. 돌고래들은 짓이 나서 장난을 멈추지 않는 어린아이들처럼 한뱃잠수들 주위를 한참 맴돌더니 말귀를 알아들은 듯이 순순히 떠나갔다.

"자, 다들 철수합서."

옥순이 삼촌이 한뱃잠수들에게 지시했다. 돌고래들이 지나가고 나면 바다 생물들이 모두 깊숙이 몸을 숨겨 건질 게 없는데다, 피 냄새를 맡고 상어가 뒤따라올 수 있어 위험했다.

배는 땡볕을 피해 멀리 소나무 절벽 아래에 있었다. 배가 오기를 기다리는데 따가운 햇볕이 영등의 머릿수건 속으로 가시처럼 파고들었다. 앓아누워 이틀이나 물질을 쉰 순덕은 마음이 급한지 물로 들었다. 그 뒤로 한뱃잠수들 몇이 따라 들었다. 영등도 머리를 식힐 겸 소라 한 개라도 더 딸 욕심에 물로 들었다. 바다 귀신 되고 싶냐는 옥순이 삼촌의 지청구가 등 뒤로 쏟아졌다.

돌고래가 지난 뒤라 역시나 물건이 보이지 않았다. 영등이 소라 하나를 겨우 찾아 따려는데 갑자기 물살이 크게 흔들렸다. 돌고래들이 다시 돌아온 걸까? 곧이어 누군가의 비명이 들려왔다. 영등은 놀라 물 위로 올랐다. 좀 떨어진 곳에서 새각시 삼촌이 사색이 되어 소리를 지르고 있었다. 누군가 입에서 순덕이 이름이 튀어나왔다. 영등은 미친 듯이 가슴이 뛰었다.

돌고래 떼를 뒤쫓아온 상어에게 순덕이 변을 당하고 말았다. 그 모습을 가까이서 본 새각시 삼촌이 경기하듯이 울부짖었다.

순덕의 태왁은 주인을 잃은 채, 바다에 애처로이 떠 있었다. 다들 비 맞은 닭들처럼 배 안에 웅크리고 앉아 떨고 있을 뿐, 누구 하나 그것을 건져 올리지 못했다.

영등은 순덕의 죽음이 도무지 믿기지 않았다. 순덕이 금방이라도 덧니를 드러내고 수줍게 웃으며 배 위로 오를 것만 같았다. 어떻게 해서라도 하루 더 쉬라고 잡았어야 했다. 영등은 순덕을 잡지 못한 자신의 손등을 찍고 싶었다. 오늘 하루만 더 누워 있었더라면, 순덕이 배를 기다리는 동안 물에 들지만 않았더라면, 북쪽 대진항으로 가는 걸 하루 당겨 오늘 떠났더라면, 차라리 육지 물질을 떠나오지 않았더라면……. 순덕이 죽지 않는 길은 무수히도 많았다. 그러나 순덕은 끝내 죽음을 비끼지 못했다.

시간이 얼마나 흘렀을까? 갑자기 처량 맞은 노랫소리가 들렸다.

이여싸나 이여싸나
우리 부모 날 날 적에
해도 달도 없을 적에
나를 낳아 놓았는가

......

해녀 팔잔 무슨 팔자라

혼백 상자 등에 지고

푸른 물속을 왔다 갔다

　옥순이 삼촌이 망연히 앉아 실성한 사람처럼 노래를 불렀다. 삼촌의 처연한 노래는 꾹꾹 눌러 참고 있던 사람들의 속울음을 기어이 밖으로 끌어냈다. 춘자는 순덕의 이름을 부르면서 엉엉 목놓아 울었다.

　멍하니 앉아 있던 선주가 갑자기 일어서더니 키를 잡고는 뱃머리를 돌렸다. 선주가 순덕의 테왁을 노로 건져 올리려 할 때였다.

　"손대지 맙서게! 그렇게 구박하더니 죽으니 속 시원함수꽈?"

　옥순이 삼촌은 핏발 선 눈으로 선주를 노려보면서 고함쳤다. 영등도 선주가 순덕의 테왁에 손대는 게 께름칙하던 차였다. 선주가 그렇게 닦달하지만 않았더라도 순덕은 변을 당하지 않았을지도 모른다. 마음속에서 순덕이 죽지 않는 천 갈래만 갈래 길이 자꾸만 생겨났다.

　옥순이 삼촌이 건져 올린 순덕의 테왁이 한뱃잠수들 사이에 덩그러니 앉았다. 망사리엔 순덕의 숨이 꿈틀거리고 있었다.

　"순덕아, 잘 가라. 다음에 다시 태어나거든 절대로 섬에서 여자로 태어나지 마라. 다시는 해녀가 되지 말라."

옥순이 삼촌이 테왁을 어루만지면서 흐느꼈다. 모두 순덕의 테왁을 둘러싸고 앉아 울었다. 순덕의 죽음이 슬퍼서 울었고, 순덕처럼 언제 혼백 상자를 등에 질지 모르는 자신들의 신세가 처량해 울었다. 잘 울지 않는 순아도 자지러지게 울었다. 저를 살붙이처럼 예뻐한 순덕을 다시 볼 수 없다는 걸 안 걸까?

배 안에 울음이 잦아들고, 하늘에 볼이 홀쭉한 달이 막 떠올랐을 때였다.

"아이구! 배야!"

배선이 삼촌이 갑자기 배를 움켜쥐며 굴렀다.

얼마 뒤, 배선이 삼촌은 마치 이름값을 하듯이 배에서 아기를 낳았다. 아들이었다.

"배선아, 순덕이 명까지 이어받아서 오래 살라게."

옥순이 삼촌은 갓난아기를 받아 안고는 말했다.

이튿날, 한뱃잠수들 누구 하나 선뜻 물로 들지 못했다. 코가 쑥 빠진 선주도 눈치만 볼 뿐 어서 물에 들라고 채근하지 않았다.

"물질 안 햄수꽈? 이러고 있다고 죽은 순덕이가 살아 돌아오는 것도 아니고. 오늘 하루 물질은 순덕 어멍 약값에 보탭시다. 다들 어서 물에 듭서게."

옥순이 삼촌이 먼저 테왁을 안고 바다로 들었다. 순덕이 때문에 차마 들 수 없던 바다를, 순덕이 때문에 들었다. 그러나 새각시 삼촌만은 얼굴이 하얗게 질려 물에 들지 못했다.

죽음의 바다는 다시 삶의 바다가 되었다.

"니가 그래 똑똑하믄 더 받아와바라. 전주, 다케다 놈은 천초값 쳐주기로 한 것도 다 안 쳐주고, 전도금 준 거 복리로 이자 받아 처묵고, 객주란 놈은 전주랑 조합에 접대비를 냈네 어쨌네 그카믄서 중간에서 다 떼 처묵고……. 난 뭐, 재미 본 줄 아나? 새각시 두 달 가까이 작업 못 했지, 그라고 순덕이 갸 그래 됐지, 나 참, 재수도 드럽게 없어서……."

안색이 좋지 않던 선주는, 영등이 돈이 부족한 것 같다고 따지자 임자를 만난 듯이 버럭 화를 냈다.

한뱃잠수들은 그동안 작업한 것을 한꺼번에 받았다. 조합에서 입어료에, 어협 수수료, 위탁판매 수수료 등 별의별 이름의 예닐곱 가지 수수료를 떼고, 전도금이랑 복리로 늘어난 이자, 선주와 사공의 몫까지 떼고 숨값으로 돌려받은 건 겨우 그동안 벌어들인 것의 이 할 정도에 불과했다. 영등이 대략 셈한 것에 한참 못 미치는 액수였다. 영등은 글은 몰라도 숫자는 익혀 알았고, 셈은 누구보다 밝아 한뱃잠수들도 영등에게 부탁할 정도였다.

"그럼 순덕이 돈은 왜 안 줘마씀?"

영등은 물러서지 않고 따졌다. 전엔 험상궂은 선주가 무서워서 할 말이 있어도 참았지만, 순덕이 죽고 나자 시쳇말로 눈에 보이는 게 없었다.

"내도 주고 싶다. 근데 줄 게 있어야 줄 거 아이가. 순덕이갸, 미리 받아 쓴 전도금이랑 지금까지 붙은 이자에 수수료도 못 하고 죽었다. 그거 한뱃잠수들이 부담해야 할 거 아이가? 그래 돈이 좀 빠진 기다."

"죽은 사람한테도 수수료를 받고 전도금 이자를 받아마씀? 그게 말이 됨수꽈?"

영등은 숨이 턱 막혔다. 순덕이 추위에 떨며 건져 올린 그 많은 천초랑 전복, 소라는 다 어디로 갔단 말인가. 모자라는 돈을 한뱃잠수들에게 떠안기는 것도 도무지 납득이 가지 않았다. 돈을 받지 못한 건 새각시 삼촌도 마찬가지였다. 순덕의 사고 뒤로 새각시 삼촌은 물이 가슴만 덮어도 동공이 풀리며 물에 들지 못했다. 배선이 삼촌이 무당을 불러 굿을 하고 온갖 방법을 다 써보았지만 소용없었다.

"봅서! 선주님! 어린 해녀가 작업하다 상어한테 잡아먹혔는디, 보상금은 못 줄망정 이리저리 다 뜯어먹고……. 집에서 키우던 개가 죽어도 이리 야박스럽게 안 할 거우다."

옥순이 삼촌은 영등이 하고 싶은 말을 대신했다.

"그걸 왜 나한테 따지노? 조합에 가서 따져야제. 순덕이 이자랑 수수료라도 빼달라고 난 사정 안 해본 줄 아나? 그러니께 서기가 뭐라카는 줄 아나? 순덕이 죽어서 관에 신고하고 뒤처리하느라 돈 마이 들었다카더라."

"뒤처리는 무슨 뒤처리? 순덕이네 집에 기별을 해줬댐수꽈,
아니면 제사라도 지내줬댐수꽈? 우리가 배편 찾아 기별했고,
우리가 추렴해 제사 지내줬수다. 아이고! 깊은 물속에 들어가
도 이리 숨이 안 막히는디, 기가 막혀서 숨이 안 쉬어진다."

선주는 주머니에서 종이 몇 장을 꺼내 옥순이 삼촌에게 흔
들어 보였다.

"여기 다 있다카니 바라. 뭐라 써졌나. 여기에 다들 지장 안
찍었나? 누구 읽을 줄 아는 사람 있으면 함 읽어바라. 답답시
러분 건 내도 마찬가지다."

영등은 물질 시작하던 날 선주가 내민 종이에 지장을 찍었
던 게 떠올랐다. 지장을 찍으라 한 선주도, 한뱃잠수들도 까막
눈이긴 마찬가지였다. 멱살 잡고 피 터지게 싸우고 나서 보니
엉뚱한 사람이랑 싸운 꼴이었다. 영등은 허탈함에 맥이 쫙 빠
졌다.

"삼춘, 당장 조합에 가서 따져야 하는 거 아니꽈?"

"그럼 저들이 눈 하나 깜짝할 거 같으냐? 호랑이 굴에 들어
갈라면 몽둥이 하나라도 들고 가야주. 우리가 까막눈인 게 죄
라. 모기 다리에서 피 빨어 먹으려 사방에서 달려드니, 아홉
놈 입에 들어간 뒤에야 우리 먹을 거 돌아오주게."

옥순이 삼촌의 눈에서 불빛이 일었다.

영등은 손에 든 돈을 자꾸만 헤아려보았다. 아무리 세어보
아도 일 전도 불어나지 않았다.

영등은 마음이 납덩이처럼 무거웠다. 순덕이 죽은 뒤 한시도 맘 편한 날이 없었는데 순덕의 숨값마저 모두 갈취당하고 나자 순덕을 두 번 죽인 것만 같았다. 어린 해녀가 작업하다 죽었는데도 제 주머니만 챙기기 바쁜 자들이 상어보다 더 무서웠다. 지장을 찍은 종이엔 뭐라 적혀 있었던 걸까? 영등은 지장을 찍은 손가락을 잘라내고 싶은 심정이었다.

섬으로 돌아가는 배엔 한 명이 줄어 열넷이었다. 순덕이랑 새각시 삼촌이 빠진 자리를 갓난아기가 채웠다. 새각시 삼촌은 빈손으로 돌아가야 시집 식구들 등쌀에 뼈도 못 추릴 거라면서 육지에 남았다. 평생 시집살이하면서 죽은 듯이 사느니 차라리 객지에서 숨이라도 제대로 쉬면서 살고 싶다고 했다. 한뱃잠수들은 돈을 조금씩 추렴해 방세에 보태라고 새각시 삼촌에게 주었다.

영등은 뱃전에 앉아 멀리 물마루를 바라보았다. 저 너머엔 눈을 감아도 훤한 섬이 있을 것이었다. 섬에서 육지를 그렸듯이, 육지에 있는 동안 꿈에도 그리던 섬. 어쩐지 그 섬은 예전의 그곳이 아닐 것만 같았다.

영등은 이상하게 가슴이 두근거렸다.

갯닦기*

　　아방이 올레 모퉁이 돌앙 굴매도 안 보이난 해가 져버린 거추룩 마슴 텅 비엇다. 아방은 굴매만으로도 마슴에 위로 뒈곡 힘 뒌다는 거 나는 께달앗다.

　　추석 때 아방은 몇 달 치 양식과 함께, 사 남매의 무명옷을 지어 왔다. 한눈에 보아도 만듦새가 좋은 옷이었다. 영등은 아방의 사업이 잘 풀리는 것 같아 기뻤고, 무엇보다 아방이 영춘에게 면을 세운 것 같아 반가웠다. 아방에 대한 영춘의 분노가 갈수록 커져 근심스럽던 터였다.

　　육지에서 돌아와 아방한테서 소식이 있었냐고 묻자 영춘은 대뜸 아방도 아니라면서 성을 냈다. 제 깐엔 누이가 고생하

---

* 해조류의 포자나 어패류 따위의 치어가 붙을 수 있도록 바윗면을 깨끗이 닦아주는 일.

는 게 무책임한 아방 탓이라고 여기는 모양이었다. 육지에서
사 온 선물을 들고 좋아 팔짝팔짝 뛰는 동생들과 달리, 영춘은
삐쩍 마른 영등을 보더니 밥도 안 먹고 물질했냐며 골을 부렸
다. 그리고 다시 한번 육지 물질 가면 학교를 때려치우겠다면
서 엄포를 놓았다. 자신 때문에 누이가 고생한다는 생각에 마
음이 편치 않은 모양이었다. 게다가 순덕이 참변당한 소문이
마을에 쫙 퍼진 것도 영춘의 조바심에 한몫했을 것이다. 영등
은 차라리 영춘도 제 동생들처럼 천둥벌거숭이면 좋겠다 싶었
다. 일찍 철이 들어 누이가 고생하는 걸 마음 쓰는 영춘이 여
간 불편스러운 게 아니었다.

아방이 동생들에게 공부 잘하고 있냐고 묻자 영덕은 벌쭉
벌쭉 웃으면서 바람벽에 붙어 있는 1학기 우등 상장을 가리켰
다. 몸이 약하고 키가 작은 영덕은 올봄에야 영심이랑 나란히
보통학교에 입학했다. 영덕과 달리 영춘은 잔뜩 부은 얼굴로
묵묵부답이었다. 영등은 영춘이 1등을 한 번도 놓친 적이 없
다고 대신 자랑했다. 내심 칭찬을 바랐지만 아방은 듣고는 그
만이었다. 영심은 아방이 어려운지 영덕의 등 뒤로 자꾸 숨었
다. 오라방이나 삼촌들한테는 당돌하게 제 할 말 다 하면서 이
상하게 아방만은 어려워했다. 아방이 영심을 가까이 오게 해
다정하게 대해주면 얼마나 좋을까? 영등은 동생들한테 데면
데면한 아방에게 적잖이 서운했다.

추석 다음 날 아방이 떠날 때, 영등은 밤새 이부자리 밑에

펴놓아 판판해진 양복바지와 함께 육지에서 사 온 내복을 건넸다.

"누가 이런 거 사오랜? 삐쩍 말라서 꼴이 그게 뭐니? 다시는 육지 물질 나갈 생각 말라."

아방은 느닷없이 영등에게 역정을 냈다. 무엇이 아방의 심기를 불편하게 한 걸까. 아방은 집에 머무는 내내 얼굴이 어두웠다. 육지 물질에서 돌아온 뒤, 영등은 이불이며 동생들 의복을 깨끗이 빨고 어지러워진 집 안팎을 바로 하느라 허리 한 번 펼 새 없었다. 성미가 어수선한 꼴을 못 보기도 하거니와, 아방에게 괜한 걱정을 끼치고 싶지 않아 더 극성을 떤 것이었다.

아방이 떠난 날, 아침 일찍 집을 나간 영춘은 저녁 늦게야 돌아왔다.

"아방 가시는데 인사도 안 드리고 종일 어딜 싸돌아댕기니? 아방한테 공손하지 않고 버릇없이 불퉁거리기나 하고……."

영등은 그동안 꾹꾹 눌러 온 걸 한꺼번에 터뜨렸다.

"난 아방 싫다. 누이한테 우리 맡겨 놓고 혼자 어디서 뭘 하는지도 모르는디……."

"뭘 하긴? 집 떠나 객지에서 고생하시는 거 몰라 그러니? 아방은 뜻이 높은 분이니 아방한테 그러면 못쓴다."

"뜻이 높은지 낮은지는 모르겠고, 아방이라는 사람이 너무 무책임한 거 아니? 공부만 많이 하면 뭐 하멘? 자식들 건사도 제대로 안 하면서."

영등은 아방에 대한 영춘의 노여움이 이렇게까지 클 줄 몰랐다.

영등은 건넌방에 쌓여 있는 아방의 두툼한 책들을 볼 때마다 가슴이 뻐근했다. 아방은 그 책들처럼 영등에게 범접할 수 없는 존재였다. 아방의 책들은 영등에게 아방이 직접 전하지 못한 말들을 대신 들려주었다. 아방은 큰 뜻을 펼치기 위해 섬을 떠난 것이고, 값진 일을 하고 있다고. 영등은 영춘이 그것을 헤아리지 못하는 게 너무 안타까웠다. 그리고 그것이 자신의 탓만 같아 한없이 마음이 무겁고 죄스러웠다.

갯가는 갯닦기 나온 사람들로 가득했다.

곡식을 실하게 거두려면 밭에 김을 매야 하듯이 바다 밭도 마찬가지였다. 바위에 붙어 자라는 잡풀들을 캐내고, 죽은 해초 뿌리를 없애주어야 했다. 갯닦기는 봄이랑 가을에 한 번씩 하는데 가을 작업은 포자의 번식을 돕고, 봄 풀 캐기 작업은 미역이나 천초의 성장을 도왔다. 갯닦기는 해녀 사회의 엄격한 규율로, 물질하려면 의무적으로 해야 하는 일이었다. 모름지기 밥숟가락을 들려면 그만큼의 대가를 치러야 하는 것이었다.

영등은 무거운 몸으로 바위에 붙은 쩍*을 긁어냈다. 아방이

---

* 죽은 해초 뿌리.

집에 왔다가 돌아간 뒤로 몸이 으슬으슬 춥더니 그예 몸살이 나고 말았다. 육지 물질을 다녀오자마자 물질에 집안일에 쉴 새가 없던 데다, 아방이 다녀간 뒤 긴장이 풀린 탓도 있을 것이었다.

춘자는 벌건 얼굴로 진땀을 흘리는 영등을 보더니 혀를 찼다.

"쯧쯔! 너, 병날 줄 알았다. 지가 천하장사 설문대 할망도 아니고 몸을 그리 써대니……. 영등아, 몸도 안 좋은디 무리하지 말고 너도 연화마냥 아픈 똥꼬망 건드리듯이 살살 시늉만 하라."

옆에서 깨작깨작 적을 떼내고 있던 연화가 춘자 말에 발끈했다.

"왜 생사람 잡니? 나도 힘줘서 열심히 하고 있신디. 춘자, 똥방뎅이 이리 내밀어보라. 내가 지금 힘주는 만큼 건들면 니 똥꼬망에서 피가 철철 날 테니."

"아이고! 안 그래도 달거리하느라 피가 콸콸 쏟아지는디, 앞뒤로 쏟아지는 피 받아 선짓국 끓일 거?"

"좋주, 선짓국 좀 팔팔 끓여보게."

연화는 춘자 궁둥이에 돌호맹이를 들이댔다. 영등은 기력이 없는데도 동무들의 철없는 농지거리에 피식 웃음이 났다.

그때, 갯가 입구에 오토바이 두 대랑 검은색 지프차가 서더니 사람들이 갯가로 들어섰다. 도사가 순시를 나올지도 모른다고 하더니 온 모양이었다.

"일동 일어서시오!"

면장이 엉덩이에서 비파 소리가 나게 달려오더니 사람들을 향해 소리쳤다. 도사가 사람들 앞에 서자 면장은 큰소리로 경례 구호를 외쳤고, 사람들은 떨떠름한 얼굴로 허리를 굽혔다. 면장은 다구치 도사를 소개하면서 도사님이 바쁘신데도 격려차 시간 낸 것이 얼마나 황감한 일인지 거듭 강조했다.

키가 작고 안경을 쓴 도사는 오종종한 이목구비에 턱이 뾰족했다. 근면 성실, 노력 증진, 협동 단결, 생산 증대…… 어쩌구 하면서 도사가 장황한 연설을 마치자마자 일행은 일제히 썰물처럼 빠져나갔다.

옥순이 삼촌이 도사가 사라진 쪽을 향해 소리쳤다.

"흥! 근면 성실, 협동 단결, 노력 무스거? 우린 아침에 얼굴에 거미줄 뒤집어쓰지 않는 사람 없이 근면하고, 다 삼춘 조카로 지내면서 협동한다게. 양반 쌈 싸 먹는 소리 작작 하고 조합 일이나 똑바로 하라."

"도사 하는 일이 하나 마나 한 소리나 지껄이는 거면 나도 도사 하주게."

누군가 내지르는 소리에 모두 한바탕 웃었다.

사람들은 너도나도 한마디씩 보탰다.

"개, 풀 뜯어 먹는 소리 집어치우고 목숨 걸고 건진 물건 제값이나 받게 해주라."

"우리 등쳐 먹는 상인이랑 서기 단속이나 똑바로 하고."

"사마귀 도사, 뒤꼭지 근지러우키여. 오늘 밤, 도사 뒤통수에 부스럼 나서 멍게 되는 거 아니? 하하하하!"

사람들이 또 와르르 웃었다.

해녀들의 권익을 위해 힘써야 할 조합은 공동 판매 규약을 어긴 채, 뒷돈을 받고 일본 상인에게 독점 판매권을 넘겼다. 상인은 해녀들이 힘겹게 건져 올린 해산물을 거저 가져가다시피 했고, 조합의 서기는 그들과 결탁해 온갖 횡포를 눈감아주었다. 그 문제의 해녀조합 수장이 바로 도사였다.

"다구치 도사, 조상이 누군지 아니?"

옥순이 삼촌이 돌호맹이로 바위를 벅벅 긁다가 갑자기 산호 가지 벗들을 돌아보며 물었다.

"우리가 다구치 조상이 누군지 어떻게 암수꽈? 우리 조상도 누군지 모르는디."

연화가 어리둥절해 되물었다.

"다구치 조상은 논이나 밭에서 겁탈당해 나온 사람이라. 옛날에 남자들이 전쟁 나가 하도 많이 죽어 씨가 마를 지경이었주게. 그래서 왕이 여자들한테 기모노 안에 속 고쟁이를 입지 말고 아무 데서나 남자를 만나면 바로 아랫도리를 내주라고 명을 내렸주."

"어휴! 망측스러워라. 그게 참말이꽈?"

연화가 얼굴을 찡그리면서 물었다.

"내가 오사카 물질 갈 때 선주한테 들은 얘기라. 애길 낳으면 씨 받은 곳을 따서 야마모토, 무라이, 이치바…… 왕이 성을 하나씩 내려줬신디, 우리 식으로 하면 산 씨, 우물 씨, 시장 씨, 뭐 이런 거주."

"하하하하! 삼춘, 그럼 또랑에서 씨 받으면 또랑 씨고, 방앗간에서 받으면 방앗간 씨가 되는 거꽈?"

"그렇주."

춘자가 깔깔 웃으며 묻자 옥순이 삼촌이 대답했다.

'그때 씨가 말랐어야 하는디…….'

영등은 속으로 부드득 이를 갈았다. 그랬다면 순덕이 죽지 않았을지도 모른다. 순덕이 육지 물질을 간 것도, 따지고 보면 일본이 조선을 삼켰기 때문이었다. 영등은 부질없다는 걸 알면서도 하루에도 몇 번씩 순덕이 죽음을 비껴 가는 상상을 했다. 그러나 꿈속에서조차 순덕을 살려내지 못했다. 영등은 순덕의 집을 다녀온 뒤로 마음이 더 무거웠다. 올망졸망 순덕의 동생들 얼굴이 어딜 가나 그림자처럼 따라다녔다.

육지 물질에서 돌아온 다음 날, 영등은 옥순이 삼촌과 함께 순덕의 집을 찾아갔다. 한뱃잠수들이 순덕의 몫으로 공동 물질해 모은 돈이랑 선주가 따로 챙겨준 돈을 전해주기 위해서였다. 선주는 섬에 도착하자 옥순이 삼촌에게 순덕이 몫으로 약간의 돈을 떼 주었다. 이렇게라도 하지 않으면 자기도 순덕이처럼 바다 귀신이 될 것 같다면서. 그동안 빡빡하게 굴었던 걸 생각하면 의외의 선심이었다. 선주는 자신도 자식새끼들이며 늙은 부모에, 어린 형제들까지, 줄줄이 딸린 식구들 먹여 살리려다 보니 매정할 수밖에 없었다면서 머리를 긁적였다.

순덕의 집은 이웃 마을, 종달리에 있었다. 하도리와 마찬가지로 철새가 많이 찾아오는 바닷가 마을이었다. 영등은 순덕 어멍을 볼 생각에 발걸음이 무거웠지만 쓸데없는 걱정이었다. 순덕 어멍은 이미 이 세상 사람이 아니었다. 순덕이 변을 당하고 얼마 뒤 눈을 감았다고 했다. 영등은 순덕의 동생들을 두고 돌아서 나오는데 발길이 떨어지지 않았다. 순덕의 동생들은 다섯 모두 딸이었고 막내는 겨우 네 살이었다. 영등은 순덕 바로 아래 동생, 순옥의 눈에서 순덕의 눈빛을 읽었다. 동생들뿐만 아니라, 대낮부터 술에 취해 쓰러져 있는 아방도 열두 살 순옥에겐 크나큰 짐일 터였다. 영등은 바윗덩이에 깔린 순옥을 못 본 채 두고 도망쳐온 듯 마음이 편치 않았다.

영등은 그날 밤 순덕의 동생들이 모두 상어에게 잡아먹히는 악몽을 꾸었다. 영등은 꿈속에서 순덕의 동생들이 차례로 변을 당하는 동안 꼼짝도 할 수 없었다. 영등은 꿈을 깨고도 온몸이 서늘했다. 꿈속에서 영등을 원망스러운 눈으로 바라보던 순옥의 눈빛 때문이었다.

영등은 아픈 것도 잊고 있는 힘을 다해 돌호맹이로 쩍을 내리쳤다. 갯바위에 달라붙은 쩍이 남의 나라에서 버젓이 주인 행세를 하는 일본이라도 되는 듯이. 일본도 이렇게 깨끗이 떼어낼 수만 있다면……. 영등은 돌호맹이를 움켜쥔 손에 힘을 주었다.

물숨 찾아가는 길

밤이 뒈민 재기재기 새 아척이 오민 좋키여, 영 생각 든다. 글자를 알고 나난 온 시상이 새별추룩 벨롱벨롱 빛나는 거 닮다.

길 양옆 메밀꽃이 어스름 저녁에도 눈밭처럼 환했다. 검은 돌담에 둘러싸인 밭 가득한 흰 메밀꽃이 칠판 위 분필로 쓴 글씨처럼 보였다. 영등은 꿈길을 걷는 것 같았다. 동틀 때부터 얼마나 기다려 온 저녁이던가. 날마다 밤은 밤대로 또 낮은 낮대로 길어 누군가 하루를 엿가락처럼 길게 늘여 놓은 것만 같았다.

영등은 육지 물질을 다녀온 뒤 야학강습소에 나갔다. 육지 물질을 마치고 섬으로 돌아오는 배 안에서 옥순이 삼촌이랑 약속한 것이었다. 공부가 아니라도 어둠을 벗을 수 있다고 생각한 건 어리석었다. 까막눈으로는 어둠을 벗기는커녕 눈앞에서 코를 베어 가더라도 속수무책으로 당할 뿐이었다. 망건 짜는 것보다 당장 까막눈을 벗는 게 시급했다. 그것이 순덕의 숨값을 찾는 길일 터였다.

"이 목걸이 아무래도 니가 주인 같다."

"무슨 소리멘? 개똥이가 너 준 거라고 안 핸?"

춘자랑 연화는 또 목걸이 주인을 두고 승강이를 벌였다.

육지 물질 다녀오고 나서 얼마 뒤, 춘자는 갯동에게 목걸이 주인이 누구냐고 물었다. 그러자 갯동은 성난 듯이 춘자에게 너라고 대답하고는 달아났다. 그때 믿기지 않는 표정을 지으면서도 춘자의 콧구멍은 마구 벌름거렸다. 그런데 문제는 그 다음이었다. 연화 주변을 맴도는 갯동이 심심치 않게 눈에 띄는 것이었다.

"아무래도 개똥이가 거짓말한 거 같으멘. 연화, 너만 보면 얼굴 벌게져 도망치지 않니? 개똥이가 널 좋아하는 게 틀림없주게."

"개똥이가 날 좋아한다 해도 난 싫다."

연화는 미간을 찡그리며 말했다.

"개똥이가 심성도 착하고, 얼굴도 그리 빠지진 않고, 그만하면 괜찮은 편 아니? 버선발로 뛰어나가 반길 만큼은 아녀도."

춘자 말대로 갯동은 여러모로 중간치는 되었다. 갯동은 테우*를 타고 멸치잡이를 했다.

"그냥 싫다. 한 동네 사는 것도 싫고, 뱃일하는 것도 싫고, 다……. 그리 괜찮으면 춘자 니가 개똥이한테 시집가라."

연화는 갯동의 얘기가 나오기만 하면 푸르르 성을 냈다.

"울 어멍이 여자는 저 좋다는 사내랑 살아야 한다고 핸. 잘났든 못났든 제 마누라를 용의 알로 여기는 사람이 최고라 했주게."

"날 용의 알로 여기든 봉황의 알로 여기든 개똥인 싫으멘. 난 육지 남자랑 혼인할 거."

영등은 잠자코 있다가 한마디 했다.

"연화, 너 산호 가지 맹세 잊언? 죽을 때까지 함께하자더니 육지로 시집갈 거?"

"니들도 같이 육지로 시집가면 되주. 평생 물질만 하다 죽을 거? 니들은 물질이 지겹지도 않니?"

"난 바다가 좋다. 나한텐 바다가 어멍이멘. 어멍 품에 안겨 헤엄도 치고, 물질해서 돈도 벌고, 그 돈으로 동생들 공부도 시키고……."

"영등인 자나 깨나 동생들 타령, 연화는 입만 열면 육지 남자 타령…… 내 눈엔 저 메밀꽃이 꼭 흰 쌀밥 같다게. 김에 싸서 흰 쌀밥 한 사발 배부르게 먹고 싶다. 쩝!"

---

* 여러 개의 통나무를 엮어서 만든 뗏목 배.

춘자는 입맛을 다셨다.

"저녁 먹은 지 얼마나 됐다고 먹는 타령이니? 난 요즘 안 먹어도 배부르멘. 요즘 밤이 너무 길지 않니? 빨리 날이 새서 야학에 나가고 싶은디 왜 그리 밤이 긴지……."

"뭐? 지금 무슨 소리 하멘? 난 밤이 짧아 죽겠신디. 난 해가 머리 꼭대기까지 올라올 때까지 늘어지게 실컷 잠 좀 자보면 좋겠다."

연화는 이해할 수 없다는 표정으로 영등을 보았다.

"영등인 선생님이 아끼는 우등생이라 역시 다르멘. 영등아, 너 혹시 강오규 선생님 좋아하는 거 아니? 요즘 얼굴이 꽃봉오리 피듯이 피고 영등이 너, 잘도 수상하멘."

춘자가 싱글싱글 웃으면서 영등을 놀렸다.

"망측한 소리 말라."

"영등아, 근데 얼굴은 왜 빨개짐서? 너, 참말로 선생님 좋아하는 거 아니? 그러고 보니 요전에 아팠던 것도 몸살 아니고 상사병 걸렸던 거 아니멘?"

연화도 영등 놀리기에 합세했다.

"가끔 우리보다 먼저 가서 강습소 청소하는 것도 잘도 수상하주게. 연화야, 난 그동안 영등이가 무쇠로 보였신디 이제야 사람으로 보이멘."

"더운밥 먹고, 식은 소리 그만하라."

영등은 짓궂은 동무들의 놀림에 가슴이 더웠다.

영등은 요즘 하루하루가 꿈만 같았다. 야학강습소는 영등에게 신세계였다. 칠판 위 글자들을 보면 가슴이 떨렸고, 칠판 아래 떡가루처럼 떨어지는 분필 가루마저 좋았다. 그것은 꽃보다 더 향기로운 글 가루였다. 처음 선생님을 따라 가갸거겨 고교구규…… 읽을 땐 너무 기뻐 눈물이 나오려 했다.

"권리란, 내 일에 남의 방해를 받지 않고 내 물건에 남의 침범을 허락하지 않는 것이다. 의무란……."

테왁이나 망사리처럼 눈으로 볼 수 있는 게 아닌 권리, 의무, 자유 같은 말들을 하나하나 배워나갈 땐 가슴이 저릿저릿했다. 글자를 익히고 나자 세상이 영등에게 다정하게 말을 걸어오는 것 같았다. 발밑이 환해지는 느낌이었다. 영등은 아침에 눈뜰 때마다 가슴이 뛰었고, 물질하다가도 야학을 생각하면 웃음이 절로 나왔다.

커다란 팽나무 아래 야학강습소가 보였다. 영등은 가슴이 두근거렸다. 남포등 아래서 강오규 선생님이 기다리고 있을 것이었다.

닷새 뒤면 입춘, 새 철이 드는 날이었다. 절기상으로 새해의 시작이었다. 영등의 나이도 어느덧 이팔청춘 열여섯이었다.

"으으으으! 추워라. 삼춘, 연화 추워 얼어 죽겠수다."

연화가 불턱으로 쪼르르 달려가면서 코맹맹이 소리를 했다.

"이리 바짝 댕겨 앉으라. 지금이 신구간 아니? 신구간 땐 잘도 춥주."

옥순이 삼촌이 불 위로 조짚을 던져넣으며 말했다. 화르르 불꽃이 일어 붉은 비단 자락처럼 너울거렸다.

"삼춘! 신구간엔 신들도 추우니까 하늘로 피신하는 거 아니우꽈?"

연화가 모닥불에 손을 쬐며 말했다.

"저 입방정 떠는 거 보라게. 조용히 하라. 신들이 들으면 노한다."

"옥황상제 만나러 신들이 다 하늘로 올라가고 없신디 어떻게 들어마씨? 괜찮수다."

"저 부룩송아지처럼 방정맞은 거 보라. 입 다물고 이거나 먹으라."

옥순이 삼촌은 연화에게 불에 구운 소라를 내밀었다.

섬에서는 대한 닷새 뒤부터 입춘 사흘 전까지 일주일을 신구간이라고 했다. 묵은 철과 새 철 사이였다. 이때 섬에 있는 만 팔천여 명의 신들은 옥황상제에게 한 해 동안의 업무를 보고하고 새 임무를 받기 위해 하늘로 올라간다고 했다. 사람들은 이때를 기다렸다가 마구간을 손보고, 꿰진 부뚜막을 메우고, 무너진 울 담을 새로 쌓았다. 이사도 기다렸다가 신구간 때 했다. 신이 자리를 비우고 없으니 동티 날 염려가 없기 때문이었다. 사람들은 신을 두려워했다. 신을 우러르고 몸을 낮추는 이들이었다.

"영등아, 입춘 날 바느질하지 말라. 작년에 순덕이도 물이슬에 쏘여서 고생 안 핸?"

옥순이 삼촌은 영등에게도 구운 소라를 건네며 말했다.

입춘 날 바느질하지 않는 것은 해녀들 사이에 내려오는 금기였다. 물에는 살을 쏘는 것들이 많아 미리 경계하는 것이었다. 영등은 집에 어른이 없는 자신을 이리저리 살피고 챙겨주는 삼촌이 고마웠다. 불턱은 단지 옷을 갈아입고 불을 쬐는 곳이 아니라 작은 학교와도 같았다. 영등은 그곳에서 삼촌들에게 물질에 관한 것뿐만 아니라 삶의 지혜며 풍습, 모든 것을 배웠다.

"삼춘, 바늘이 아니라 뾰족한 건 쳐다보지도 않을 테니 걱정 맙서."

영등은 물이슬에 쏘인 뒤 변을 당한 순덕이 떠올라 울컥했다. 영등은 소라를 목에 채 넘기기도 전에 자리에서 일어났다.

"영등아, 오늘 서물이니 조심하라. 서물엔 물 아래로 바람 불주."

빌레* 삼촌이 영등에게 당부했다.

영등의 어멍 나이쯤 되는 삼촌은 얼굴이 너럭바위같이 넓어 빌레라는 별명이 붙었다. 상군 중에서도 대상군인 삼촌은 바다에서 잔뼈가 굵어 물때에 훤했다. 한물에서 시작해 열다섯

---

* 너럭바위의 제주어.

물까지의 물때 중 서물은 음력 열하루와 스무엿새였다. 물때마다 물이 들고 나는 것이 차이가 있고, 물의 흐름 또한 달랐다. 서물엔 물 아래로 바람이 불어 물살이 세 작업하기가 쉽지 않았다.

"삼춘, 알았수다."

영등은 여를 찾아 바다 깊이 들어갔다. 여를 가득 덮고 있는 미역을 헤집으니 주먹만 한 소라가 여기저기 보였다. 소라를 망사리에 넣고 다시 물에 들기를 몇 번 했을 때였다. 한 발쯤 떨어진 곳에 커다란 소라 두 개가 나란히 보였다. 그쪽으로 몸을 움직이는데 갑자기 물 밑에서 바람이 일며 앞이 뿌옇게 흐려졌다. 조심하라던 빌레 삼촌의 말이 떠올랐지만, 아직 숨이 넉넉한 데다 소라는 손만 뻗으면 닿을 곳에 있었다. 소라를 손에 잡는 순간, 갑자기 거센 물살이 영등의 몸을 쓸었다. 영등은 순식간에 몸의 중심을 잃고 말았다.

흐리던 물속은 언제 그랬냐는 듯이 수정처럼 맑았다. 놋그릇 같기도, 요강 같기도 한 것이 물 위로 둥둥 흘러가고 있었다. 그것을 따라 얼마쯤 가니 눈부실 정도로 아름다운 용궁이 나왔다. 용궁으로 들어가니 할망이 비단 보료 위에 앉아 있었다. 반가워 가까이 가려는데, 동생들 두고 여기가 어디라고 왔냐며 할망이 불같이 역정을 냈다.

영등은 그제야 깜짝 놀라 동생들을 찾았다. 동생들은 어디에 있는 걸까? 동생들에게도 얼른 용궁을 구경시켜주고 싶었다. 영등은 동생들을 찾으러 부랴부랴 용궁 밖으로 나섰다.

"영등아! 정신 차리라! 눈 떠봐!"

영등은 천근만근 무거운 눈을 겨우 떴다. 영등의 얼굴 위로 조롱박 같은 것들이 둥실둥실 떠 있었다.

"영등아! 우리 누군지 알아봐지니?"

"영등아! 너 죽었으면 나도 죽었을 거멘."

조롱박이 아니라 연화랑 춘자였다. 둘 다 눈물범벅이었다. 옥순이 삼촌이랑 빌레 삼촌…… 여러 얼굴 사이로 동생들이 보였다. 눈물 콧물 범벅이 된 동생들이 영등의 몸 위로 한꺼번에 엎어졌다. 영등은 동생들이 왜 그렇게 서럽게 우는지, 자신이 어디에 있는지 도무지 알 수 없었다. 하늘에 둥둥 떠 있는 듯 몸엔 무게감이 느껴지지 않았다.

영등은 영문도 모르는 채, 서럽게 우는 동생들을 안았다.

"내가 서물엔 물 밑에 바람 부니 조심하라고 했주?"

영등이 일어나 앉자 빌레 삼촌이 나무랐다. 영등은 차츰 정신이 들면서 갑자기 물이 덮치던 기억이 어렴풋이 났다.

춘자는 놀란 게 아직 가시지 않은 듯 사색이 되어 말했다.

"내가 물에 들어갔신디 갑자기 와당당 물이 뒤집혀 바로 나완. 근데 영등이 넌 안 보이고 테왁만 둥둥 떠 있는 거 아니? 깜짝 놀라서 널 찾는디, 얼마 있다가 막 물 위로 떠올랐다게. 조금만 늦었으면 너 이어도 갈 뻔했신게."

영등은 할망을 만난 이야기를 했다. 그러자 삼촌들이 한마디씩 했다.

"영등이 이어도 갔다 완."

"할망이 손녀딸 살려준 거주."

하마터면 동생들을 영영 보지 못할 뻔했다는 걸 생각하니 영등은 아찔했다. 이승과 저승의 경계는 미역 한 가닥만큼이나 얇았다.

영춘은 손등으로 눈물을 훔치면서 영등에게 옷을 내밀었다.

"옷 입어라."

영등의 몸은 물옷이 벗겨진 채 뚜데기로 겹겹이 감싸져 있었다. 삼촌들이 체온이 떨어지지 않게 젖은 옷을 벗긴 것이었다.

"영등아, 그냥 가면 안 된다! 물에 들어갔다 나와야 하니까 당장 물소중이 입으라."

빌레 삼촌은 영등에게 물옷을 건넸다. 그러자 영심이 울면서 바락 성을 냈다.

"우리 성, 물에서 죽을 뻔했신디, 왜 또 물에 들어가라고 햄수꽈?"

"물에서 잃은 물숨 도로 찾아야 하주게. 안 그러면 섬뜩해서 다시 물에 못 들어간다. 영등이 너, 물질 다시 안 할 거?"

영등은 고개를 절레절레 흔들었다. 물질을 않는다는 건 상상조차 할 수 없었다. 끔찍한 일을 겪고 다시는 물에 들어가지 못한 새각시 삼촌이 떠올랐다. 영등은 자신도 그렇게 될까 봐 두려웠다. 물질을 다시 할 수만 있다면, 뭐든 할 수 있었다.

"삼춘! 물숨을 어떻게 찾아오는 거꽈?"

영등은 몸을 간신히 일으켜 물옷을 입으며 물었다. 춘자가 물소중이 옆구리에 달린 고리 단추, 벌모작을 쾌에 채워주었다.

"물숨 먹은 곳으로 가서 몇 번 숨비고 나오는 거라게. 안 그러면 물이 무서워 다시 못 들어가주. 그런 사람 많이 봔."

빌레 삼촌은 전투에서 수없이 죽을 고비를 넘기고 살아 돌아온 백전노장 같았다. 물숨을 다시 찾는 방법이란 결국 나를 쓰러뜨린 것과 맞붙는 것이었다. 그래서 결코 자신이 물러서지 않았다는 것을 보여주는 것이었다. 영등이 싸워야 할 상대는 바다가 아니라 자기 자신이었다.

춘자랑 연화가 양옆에서 영등을 부축했다. 빌레 삼촌이 그 옆을 따라 걸으며 말했다.

"물살 뒤집혀서 위험하니 가까이서 몇 번 숨비고 나오라. 나중에 물숨 먹은 데 가서 다시 하면 되주."

영심은 영등 뒤를 따르며 영영 이별하는 듯 엉엉 울었다. 영덕도 꺽꺽 소리 내 울었고, 영춘은 양쪽 소매로 번갈아 눈물을 훔치며 뒤따랐다. 연화랑 춘자도 질금질금 눈물을 흘렸고, 뒤따르는 사람들도 눈물을 훔쳤다. 흡사 수장을 치르기 위해 바다로 가는 꽃상여 행렬 같았다.

"영심아, 걱정 말라. 성, 안 죽는다."

영등은 영심을 안고서 등을 토닥여준 뒤, 테왁을 안고 물로 들어갔다.

하얀 거품을 물고 달려드는 바다가 섬뜩했다. 전에라고 바다가 두렵지 않았을까? 물에 들어가 숨을 참는 것이 버겁지 않은 적은 없었다. 천 번의 물질은 천 번의 두려움이었고, 천 번의 고통이었다. 거듭한다고 해서 고통이 감해지진 않았다. 다만 그것을 견뎌낼 수 있다는 믿음이 있을 뿐이었다. 죽음은 생각보다 가까이 있었다. 주변을 맴돌다가 언제든지 갈고리를 던져 목숨을 낚아챌 수 있었다.

영등은 두 눈을 부릅뜨고 숨을 크게 쉰 뒤 물속으로 머리를 넣었다. 두어 길 들어가자 가슴이 뛰고 숨이 막혔다. 영등은 더 들어가지 못하고 물 위로 나왔다. 와락 겁이 났다. 죽음이 두려운 것이 아니라 물질을 다시 못 하게 될까 봐 두려웠다. 영등에게 그것은 죽음보다도 더 막막한 것이었다.

영등은 물에 들고 또 들었다. 차차 숨이 편해졌다.

그제야 눈에서 눈물이 흘렀다.

영등의 숨비소리에 바다가 붉었다.

청국장 냄새

> 범내골에서 돌아왕 열이 불덩이추룩 오르곡, 헛소리 하멍 죽
> 게 알랏다. 무시거가 무시건지 두렁청하곡, 가슴이 울랑울랑하
> 멍 죽을 거 닮앗다.

이듬해 영등은 남해로 두 번째 육지 물질을 나갔다. 교복 입
은 영춘의 의젓한 모습을 떠올리면 시도 때도 없이 비죽비죽
웃음이 나왔다. 보통학교 4년을 마치고 성안의 공립 농업학교
로 진학하기 위해 고모네 집으로 가던 날, 영춘은 누이의 성화
에 못 이겨 교복을 입고 집을 나섰다. 영등이 물질해 모은 돈
으로 사준 것이었다. 아방이 돈을 보내왔지만 영춘의 교복만
큼은 제 돈으로 마련해주고 싶었다.

석 달 동안 남해의 섬들을 두루 훑으며 물질을 마친 뒤, 한
뱃잠수들은 부산으로 갔다. 영등은 가슴이 마구 뛰었다. 그곳

은 아방이 있는 곳이 아닌가. 일행은 절영도*에서 물질했다. 나라의 말들을 기르는 곳으로, 섬 이름도 그곳의 말들이 그림자가 보이지 않을 정도로 빠르다 해서 붙여진 것이었다.

절영도에서 물질을 시작한 지 보름 만에 드디어 아방에게 갈 짬이 생겼다. 아침나절이 지나면서 파도가 거세져 물질을 쉬게 된 것이었다. 연화도 뽀마드 사내를 만날 생각에 좋아서 팔짝팔짝 뛰었다.

얼마 전, 연화는 용두산 공원에서 열린 노래 콩쿠르에 나가 〈느영나영〉을 불러 대상을 탔다. 상품으로 고무신을 받아 한 뱃잠수들의 부러움을 산 데다, 그곳 총각들에게도 연화의 인기는 대단했다. 콩쿠르가 끝나자 뭇 사내들이 단내를 맡은 개미처럼 연화에게 몰려들었는데, 그중에 포마드를 발라 머리가 유난히 번들거리는 사내가 있었다. 혓바닥을 기름병에 담갔다 뺀 듯이 말도 기름기가 졸졸 흐르는 사내는 연화에게 흑진주 아가씨라 부르면서 갖은 수작을 부렸다. 날라리 같은 옷차림이며 번지르르한 말이며 영등은 사내가 영 미덥지 못했다. 그런데 연화는 경성에서 레코드사에 다니는 사촌 형이 있다면서 윤심덕보다 더 유명한 가수로 만들어주겠다는 사내의 감언이설에 홀라당 넘어갔다. 사내가 제화점에서 일한다는 것도 연화의 마음을 뺏는 데 한몫했다.

---

* 지금의 영도.

그 뒤로 연화는 사내를 못 만나 애타했는데 드디어 기회가 온 것이었다. 연화가 사내에 대해 알고 있는 것은 최형배라는 이름이랑 사내가 일한다는 용두산 제화점이 전부였다.

사공 삼촌은 배로 뭍까지 데려다주었다. 춘자도 연화랑 동행하기로 해 셋이 함께였다. 배에서 내릴 무렵, 사공 삼촌은 영등에게 잔뜩 겁을 주었다.

"범내골 거가 어떤 덴지 아나? 거는 호랭이가 득시글득시글한 호랭이골이다. 범내골 호랭이가 말 잡아먹으러 절영도까지 왔는디 우예 왔나 아나? 포수들 눈에 띄면 죽으니께 머리통에 미역을 치렁치렁 뒤집어쓰고 헤엄쳐 왔다 안 카나?"

범내골은 아방이 사는 곳이었다. 사공 삼촌은 호랑이가 처녀들을 특히 좋아하니 조심하란 말을 덧붙였다.

부산은 섬이랑은 비교할 수 없을 정도로 번화해 눈알이 핑핑 돌 지경이었다. 영등은 육지를 처음 구경하는 느낌이었다. 길가의 빼곡한 상점들엔 없는 게 없었다. 번듯한 이층짜리 일본식 집들이 즐비했고, 거리엔 자동차도 많고 사람들로 북적였다. 머리를 짧게 자르고 멋을 낸 신여성들도 더러 보였다. 다른 세상에서 온 듯한 그들의 머릿속엔 옷차림만큼이나 고상한 것이 들어 있을 것만 같았다. 영등은 입을 헤 벌리고 그들을 바라보는 연화랑 춘자의 옷자락을 성마르게 잡아챘다. 까닭없이 그들에게 주눅이 드는 자신을 책망하는 것이기도 했다.

부산에서 보니 이 땅이 조선 땅이 아니라는 게 실감 났다.

남빈 시장* 주변엔 단발한 사내들이랑 기모노를 입은 일본 여자들이 활개를 치고 다녔다. 영등은 갑자기 울분이 솟아오르면서 피가 역류하는 것 같았다. 순사들의 감시를 피해 틈틈이 조선의 역사를 가르쳐준 강오규 선생님이 아니었다면 이 땅의 주인이 누구이든 무감했을지도 모른다. 힘없는 백성들이야 나라를 잃기 전에도 수탈당하는 건 마찬가지였다. 나라에 말을 길러 바치고, 진주를 캐서 올리고, 한겨울에도 찬 바다에 들어 전복, 소라, 굴을 따다 진상하느라 등골이 휘었다. 당장 입에 풀칠하는 게 막막한 백성들이야 수탈자가 누구든, 죽을 힘 다해 거둔 것을 빼앗겨 배를 곯는 것만이 서러운 법이었다.

영등은 시장을 지나 큰길에서 동무들이랑 헤어졌다.

"춘자야, 연화 단단히 잘 지켜라. 보나 마나 뽀마드한테 정신 팔려 해롱해롱할 거멘."

영등은 고양이한테 생선을 맡기듯이 연화가 영 마음이 놓이지 않았다. 사내를 만날 생각에 연화 얼굴엔 화색이 돌았다.

"내가 연화 옆에 거머리마냥 찰싹 달라붙어 있을 테니 걱정 말고 너나 조심하라. 개 조심하고, 사내들 조심하고, 호랭이도 조심하고……. 혹시 길 잃어버리면 지서 찾아가서 도와달라고 하라. 넌 똑똑하니까 알아서 잘하겠주만."

춘자는 멀리 딸 시집보내는 어멍처럼 잔걱정을 늘어놓았다.

---

* 지금의 자갈치 시장.

"영등이가 어린애니? 영등인 똑똑해서 호랭이한테 잡혀가
도 살아 나올 테니 걱정 말고 얼른 가게."

마음이 콩밭에 있는 연화는 춘자의 옷자락을 잡아당겼다.

동무들과 헤어져 혼자 남게 되자 두려움이 엄습했다. 난생
처음 보는 기찻길이랑 그 위를 달리는 기차는 영등을 압도했
다. 특히 두 줄로 반듯하게 뻗은 기찻길은 충격이었다. 바다엔
길이 따로 없었다. 영등 홀로 길도 보이지 않는 암흑 속에서
헤매고 있는데, 다른 사람들은 뚜렷이 난 길을 거침없이 달리
고 있는 것 같았다. 마치 혼자만 다른 세상에 사는 듯이 기분
이 묘했다.

영등은 두리번두리번 낯선 광경에 홀려 있다가 정신이 번쩍
들었다. 아방 집을 찾지 못하고 날이 어두워지기라도 하면 큰
일이었다. 영등은 전복이랑 소라, 홍합이 든 보따리를 틀어쥐
고 걸음을 서둘렀다. 제 손으로 아방의 밥상을 차릴 생각에 마
음이 설렜다.

부산면 범일동, 물어물어 주소에 적힌 동네에 도착했을 땐
어스름한 데다 빗방울까지 한두 방울씩 떨어졌다. 손금처럼
복잡한 골목엔 허름하기 짝이 없는 집들이 다닥다닥 붙어 있
었다. 영등은 수없이 골목을 헤맨 끝에 374번지를 겨우 찾았
다. 낮은 담장 너머로 구수한 청국장 냄새가 넘어왔다. 그것은
마치 끼니 거르지 않고 잘 지내고 있다며 아방이 딸에게 보내
는 신호 같았다. 영등은 청국장 냄새가 반갑기 그지없었다. 소

식도 없이 찾아온 딸을 보고 아방이 얼마나 놀랄까?

영등은 손바닥만 한 마당으로 들어서다 멈칫했다. 집을 잘못 찾아온 걸까? 방문 앞엔 세 켤레의 신발이 나란히 놓여 있었다. 그것은 홀아비 집의 풍경이 아니었다. 영등은 놀라 밖으로 나가 번지수를 재차 확인했다. 번지수는 맞았다. 좀 전엔 번지수에만 정신이 팔려 못 보았는데, 허름한 판자 문에 '옷 수선, 새 옷 지음'이라고 쓴 글씨가 보였다. 다시 대문 안으로 들어가 아방의 낡은 구두를 확인하는 순간, 가슴이 철렁 내려앉았다.

"봅서! 안에 계시우꽈?"

잠시 뒤, 안에서 문이 열리고 참해 보이는 여자 얼굴이 보였다. 여자 뒤에서 어린 여자아이가 빼꼼 얼굴을 내밀었다. 그리고 그들 위로 어깨를 구부린 남자가 나타났다.

"여, 영등아, 여길 어떻게 완?"

아방은 귀신이라도 본 듯 놀란 얼굴이었다.

"……이, 이거, 드리려고……."

손에 뭐라도 든 게 얼마나 다행인지 몰랐다. 쭈뼛쭈뼛 손에 든 보따리를 내미는데 청국장 냄새가 코 안으로 훅 스몄다. 방금 집 밖에서 맡을 때랑은 너무도 달랐다. 그것은 식구와 식구가 아닌 사람과의 경계를 분명하게 긋고 있었다. 식구가 아닌 이방인을 밀어내는 냄새였다. 식구(食口), 영등은 야학강습소에서 배운 한자의 의미를 번연히 깨달았다. 냄비에 풍덩풍덩

숟가락을 빠뜨리고 함께 밥을 먹는 사람이 식구인 것이었다. 갑자기 아방이 피 한 방울 섞이지 않은 남처럼 느껴졌다.

인사를 하고 황망히 돌아서는데 참한 여자가 급히 나와 영등을 붙잡았다.

"날도 어둬지는데 어델 갈라꼬? 퍼뜩 들어온나."

참한 여자의 목소리는 보기보다 강단이 있었다. 서너 살쯤 되어 보이는 여자아이도 쪼르르 달려 나와 영등의 치맛자락을 잡아끌었다. 야무져 보이는 입매가 영심을 닮았다.

좁은 방의 한쪽 구석엔 바느질감이 수북이 쌓여 있었다. 영등은 지난 추석 때 아방이 지어 온 옷의 내력이 얼핏 짐작되었다. 방 한가운데에 놓인 개다리소반엔 꽁보리밥에 계란찜, 김치, 청국장이 정갈하니 올라 있었다. 참한 여자가 부엌으로 나가 꽁보리밥이 반쯤 담긴 밥공기를 가져왔다. 김치에만 밥을 먹는 영등 앞으로 참한 여자가 청국장 뚝배기를 밀어주었지만, 영등은 차마 숟가락을 담글 수 없었다.

아이 이름은 영실이라 했다. 나이를 묻자 손가락 네 개를 펼쳐 보였다. 아방은 무릎에 달싹 올라앉은 영실에게 밥을 떠먹여주었다. 영등은 갑자기 목이 콱 메었다. 아방이 집에 왔을 때, 영등의 등 뒤에 숨어 아방 눈치만 보던 영심이 떠올라서였다. 그때 아방은 영심을 가까이 불러 앉히지 않았다. 참한 여자가 영등에게 물 양재기를 내밀었다. 영등은 눈물이 왈칵 솟아올라 뒷간을 가는 척 황급히 밖으로 나왔다. 그리고 그길로 밖으로 뛰쳐나갔다.

어떻게 벗어난 걸까? 큰길이 보였다. 악몽을 꾸듯 영영 벗어나지 못할 것 같던 미로를 드디어 벗어난 것이었다. 그사이 빗줄기가 굵어졌다. 등골에 밴 땀이 식으면서 오들오들 몸이 떨렸다. 사공 삼촌이 들려준 이야기 속 호랑이가 어두운 골목에서 튀어나올 것 같아 몸이 번데기처럼 움츠러들었다.

한참을 걷다 보니 멀리 기찻길이 보였다. 낮엔 그토록 생경해 보이던 기찻길이 낯선 타향에서 고향 삼촌을 만난 듯 반가웠다. 저 길을 따라 하염없이 걷다 보면 기차역이 나올 터였다. 그러면 그곳에서 몸을 의탁하고 밤을 보낼 수 있을 것이었다.

두려움이 조금 가시자 영등은 비로소 서러웠다.

감은장아기들

나는 부모님안티 안 기대곡 혼자 시상으로 나강 여붓차게 이
녁 삶을 개척한 감은장아기가 잘도 노푸게 보엿다.

반듯반듯한 칠판 위 글자들이 허공에 둥둥 떠 있는 것 같
았다.

-용기는 사람의 용맹한 기운이니 천하만사가 용맹 아니면 이루지 못
한다.*

용기는 잘못된 것과 맞서 싸우는 것이다, 잘못된 것을 알면

---

* 『노동야학독본』 인용.

서도 싸우지 않는 것은 비겁함이다, 용맹함이 없다면 한 발짝도 앞으로 나갈 수 없다……. 칠판 위의 말들을 알기 쉽게 풀어서 설명해주는 선생님의 눈은 형형하게 빛났다. 영등은 전에 없이 자꾸만 생각이 달아났다.

기차역의 대합실에 쪼그리고 앉아 밤을 새운 날 아침, 아방이 부두로 찾아왔다. 하룻밤 사이 늙은 듯한 아방은 영등을 보자마자 무릎을 꿇었다. 아방은 단칸방을 면하면 사 남매를 부산으로 데려올 생각이었다고 했다. 무릎을 꿇은 아방의 모습에 안간힘을 쓰고 버티고 있던 영등은 끝내 무너졌다. 불에 달군 인두로 가슴을 지지는 것 같았다.

캄캄한 대합실에서 밤을 지새우면서 영등은 수없이 생각했다. 참한 여자가 아방에게 간이나 콩팥을 떼어줘 죽을 목숨을 살려주었거나 사업에 쫄딱 망해 굶어 죽게 된 아방을 살려주었거나…… 피치 못할 무슨 곡절이 있을 거라고. 칠흑 같은 어둠 속에서 덜덜 떨면서도 영등이 그나마 버틸 수 있는 까닭이었다. 아방은 자신 앞에서 무릎을 꿇는 것이 아니라, 당당히 그 사정을 들려주기만 하면 되었다. 그래야 했다. 아방이 무릎을 꿇는 순간, 영등은 지축이 흔들림을 느꼈다.

아방한테 다녀온 뒤, 사흘을 죽게 앓고 일어난 영등은 넋 나간 사람 같았다. 몸은 뼈와 근육만으로 움직이는 게 아니었다. 춘자는 어떤 놈한테 겁탈당한 거 아니냐며 당장 잡아다 물에 처넣겠다면서 열을 냈다. 영등은 차마 사실대로 이야기할 수 없어 아방 집을 찾지 못해 역의 대합실에서 묵었다고 둘러댔다. 동무들은 속아 넘어갔지만, 옥순이 삼촌을 속일 수는 없었다. 삼촌은 영등에게 대뜸 아방이 딴살림 차렸냐고 물었다. 그러면서 젊은 홀아비니 어쩌겠냐며 덤덤히 말했다. 영등은 대수롭지 않은 듯 말하는 삼촌이 몹시 서운했다. 그러면서도 이상하게 조금 위로가 되었다.

-독립은 남에게 의지하지 않고 홀로 선다는 것이다.*

칠판 위, 독립이란 글자가 비수처럼 날아와 영등의 가슴에 박혔다. 독립은 홀로 서는 것이다, 홀로 선다는 것은 남에게 의지하지 않고 나 스스로가 주인이 되는 것이다……. 아득하던 선생님의 목소리가 선명해졌다.

섬으로 돌아온 뒤, 영등은 밤이면 잠이 오지 않았다. 설핏 잠들면 끊임없이 악몽에 시달렸다. 꿈은 늘 비슷했다. 어딘가를 혼자서, 또는 동생들이랑 가고 있는데 길이 홀연히 사라져 버리는 것이었다. 막막함과 두려움 속에 쩔쩔매며 길을 찾아 헤매다 깨곤 했다. 영등은 일찍이 독립한 듯 보였지만, 실은 누구보다도 더 의존적이었는지 모른다. 그 대상은 당연히 아방이었다. 아방은 영등에게 등대이며 버팀목이었다. 영등은

_____

* 『노동야학독본』 인용.

이제 아방에게서 독립해야 했다.

영등은 수업을 마치고 나서 혼자 뒷정리를 했다. 춘자는 제사 때문에, 연화는 달거리 통증이 심해 나오지 못했다. 뒷정리를 마치고 교실을 나서려는데 선생님이 영등을 불렀다.

"영등아, 요즘 안색이 안 좋아 보이는디 집에 무슨 일 있니?"

"아무 일도 없어마씀."

"혼자 끙끙대지 말고 무슨 일인지 말해보라."

"……."

"혼자 동생들 돌보니 어려운 일 많을 거다. 어려워 말고 오라방이라고 생각하고 말하라."

오라방이라는 말에 그만 꾹꾹 눌러 온 눈물이 터지고 말았다. 영등은 어릴 때부터 늘 어른이어야 했다. 어둠이 무섭고, 지붕을 날려버릴 듯 몰아치는 태풍도 무섭고, 바닥을 드러내는 양식 항아리도 무서웠다. 그러나 동생들 앞에선 내색할 수 없었다.

영등은 놀라 황급히 눈물을 닦았다.

"괜찮다. 울어라. 우는 건 부끄러운 게 아니니."

그러나 눈물은 이미 빗장 안에 갇힌 뒤였다. 눈물은 영등에게 금기와도 같았다. 그것을 허락하면 동생들을 지킬 수 없을 것 같아서였다. 눈물이 나오려 할 때면 이를 악물고 눈을 부릅뜨고 참았다.

영등은 선생님에게 범내골에 다녀온 이야기를 했다. 선생님은 영등이 집을 뛰쳐나와 기차역의 대합실에서 밤을 지새웠단 애기에 눈을 감고 어디가 아픈 듯 얼굴을 찡그렸다. 영등은 이튿날 아방이 자신 앞에서 무릎을 꿇었단 말은 차마 할 수 없었다.

"영등이, 네가 상처가 컸겠다. 그동안 아방이 네 삶의 기둥이었을 텐디……."

선생님의 눈에 연민이 담겨 있었다. 그것을 읽는 순간, 영등은 아방의 이야기를 꺼낸 걸 후회했다.

영등은 어릴 때부터 누군가 자신을 동정 어린 시선으로 바라보는 게 싫었다. 자신을 측은하게 바라보는 눈빛에 길들면 한없이 비루해질 것 같았다. 그건 견딜 수 없는 일이었다. 그래서 동생들 옷차림이며 행동거지를 결벽에 가까울 정도로 철저히 단속했다. 동생들이 행여 남의 집 음식 앞에서 껄떡거리는 모습을 보면 호되게 나무랐다. 한번은 잔칫집에서 부침개를 얻어먹던 영덕이 누이를 보고는 놀라 부침개를 땅에 떨어뜨린 적도 있었다. 제 동생 영심이 야문 데 비해 영덕은 겁도 많고 헤식었다.

"정신적인 지주한테 배신당하는 것만큼 슬픈 일은 없어. 그건 우주가 무너지는 충격이주."

영등을 바라보던 선생님의 눈길이 아득히 멀어졌다. 선생님은 혼잣말하듯이 말을 이었다.

"그 사람을 가슴에서 도려내는 일은 심장을 파내는 것과도 같주."

선생님의 눈길은 다시 영등에게로 돌아왔다.

"사람은 누구나 자기 몫의 삶의 무게가 있어. 아방은 아방대로 지금 그걸 견뎌내고 있을 테고. 상처를 준 사람 가슴에도 똑같은 상처가 날 거라. 한때 누군가의 정신적인 지주가 되었던 사람이라면 의당⋯⋯."

자신 앞에서 무릎을 꿇던 아방의 모습이 떠올랐다. 영영 지우고 싶은 기억이었다.

"영등아, 이제 다른 누가 아니라 너 자신이 네 삶의 기둥이 돼야 한다. 이 세상 누구도 삶을 대신해줄 순 없어. 네 나이 열여섯이니 이제 홀로 설 때도 됐주. 알을 깨지 않으면 절대로 새가 되어 날 수 없어. 알을 깨는 일은 두려운 일이고, 고통이주. 두려움이 없으면 성장도 없는 법, 성장 없는 삶이란 죽음과도 같다. 지금 당장은 힘들겠지만, 넌 강하니까 반드시 이겨낼 수 있어."

선생님 말은 영등에게 마치 주문처럼 들렸다. 그중에 죽음이란 말이 유독 가슴에 박혔다. 죽음, 그것은 아무것도 할 수 없는 것을 의미했다. 그러면 당연히 동생들을 지켜낼 수도 없을 것이었다. 동생들을 지키기 위해서라면 무슨 일이든 할 수 있었다. 영등은 어떻게든 알을 깨고 나와야 했다. 그런데 어떻게 해야 알을 깨고 나갈 수 있을까? 맥이 빠져 허깨비 같던 몸에 퍼뜩 기운이 돌았다. 영등은 그제야 숨이 제대로 쉬어지는 느낌이었다.

선생님은 영등을 자전거로 집까지 바래다주었다. 자전거 안장 끝을 잡은 영등에게 선생님은 허리를 잡으라고 했다. 영등은 떨리는 손으로 선생님의 셔츠를 겨우 잡았다. 선생님은 길이 울퉁불퉁해 위험하다며 영등의 손을 당겨 허리에 놓아주었다. 영등은 가슴이 떨려 숨이 막힐 것 같았다. 잘 가던 자전거가 돌부리를 지나며 덜컹 크게 흔들렸다. 영등은 깜짝 놀라 겨우 허리에 얹는 시늉만 했던 손에 힘을 주었다.

자전거가 다시 돌부리를 지났다. 자전거가 비틀했지만, 이번엔 놀라지 않았다.

해가 서녘으로 기울 무렵, 콩 튀듯 팥 튀듯 바삐 움직이며 가을걷이를 마친 사람들이 불턱으로 모여들었다. 빌레 삼촌이랑 춘자 어멍의 신명 나는 맞장구가 그들을 맞았다. 사람들 몇은 맞장구 장단에 맞춰 궁둥잇바람을 일으키면서 춤을 추었다. 불턱은 오로지 해녀들만의 영역이었다. 그들이 옷을 갈아입고, 언 몸을 녹이고, 소식을 나누고, 울고 웃는 곳. 그런데 오늘만큼은 그곳의 문이 활짝 열렸다.

지난가을, 야학강습소 학생들이 중심이 되어 해녀회를 만들었다. 강오규 선생님은 순덕이랑 새각시 삼촌 이야기를 듣고는 눈가가 젖은 채 한동안 말을 잇지 못했다. 그러더니 힘을 모으려면 조직이 필요하다고 했고, 그 말에 옥순이 삼촌이 발

벗고 나섰다. 오장육부가 뒤틀려도 돌아서서 침 뱉는 것밖에 할 수 없는 게 너무 분하다고 입버릇처럼 말해오던 삼촌이었다. 삼촌은 불턱에 앉기만 하면 조직의 필요성에 대해 열변했다. 영등도 삼촌을 거들었다.

해녀회는 마을별로 순조롭게 꾸려졌다. 해녀들의 권익 보호는 뒷전이고, 오히려 수탈을 일삼는 해녀조합에 대한 불만은 어디든 마찬가지였다. 해녀회는 부녀회와 소녀회로 나뉘었는데, 옥순이 삼촌이 하도리의 부녀회장을, 영등이 소녀회장을 맡았다. 이번 발표회는 해녀회 일주년 기념으로 마련된 것이었다. 야학생들의 발표회 겸 마을 잔치인 셈이었다. 야학 강습소 대신 불턱에서 연 건 그곳이 해녀들에게 상징적인 장소이기 때문이었다. 해녀회는 불턱 잔치 비용을 마련하기 위해 '잔치 바당'을 열었다. 공동 물질로 돈을 모아 떡과 술을 장만했고, 성냥 실 바늘 연필 등 경품 뽑기 선물도 준비했다.

옥순이 삼촌이 인사말과 함께 그동안 해녀회에서 해온 일들을 간략히 소개했다. '학교 바당'을 열어 모은 성금으로 보통학교 증축에 보탰다는 이야기에 사람들은 박수를 보냈다.

영등은 사회를 보기 위해 확성기를 잡았다. 옥순이 삼촌이 자신의 목소리는 까마귀 같아 못쓴다면서 극구 권하는 바람에 맡게 된 것이었다. 무대 가까이엔 갑 반의 강오규 선생님, 을 반의 김종문 선생님, 몇몇 마을 유지와 함께 주재소의 순사가 앉아 있었다. 순사는 사람들이 모이는 곳이라면 어디든 나타났다. 혹 불온한 언행이 없는지 감시하려는 것이었다.

영등은 떨리는 것을 누르고 입을 뗐다.

"저는 이번 불턱 잔치 사회를 맡은 김영등입니다. 지금부터 저희가 낮엔 물질하고 밤엔 야학에서 공부하면서 틈틈이 배우고 익힌 것을 여러분께……."

부녀회 회원들의 물질 노래에 이어, 소녀회 회원들이 국문 뒤풀이 노래를 불렀다.

가나다라 마바사 아자차 잊었구나 기역니은디귿리을
기역자로 집을 짓고 지긋지긋이 사쟀더니
……
마먀머며 마자마자 마쟀드니 님의 생각을 또 하는구나
모묘무뮤 모지도다 모지도다 한양 낭군이 모지도다
……

다행히 사람들의 호응이 좋았다. 언문 공부를 잘도 재미지게 한다게, 오지도 않는 님을 뭐 하러 기다리니? 한양 낭군한테 새 님 생겼주게…… 사람들은 추임새 넣듯이 한마디씩 하면서 즐거워했다.

다음은 연화 순서였다. 한복을 곱게 차려입고 머리를 한 갈래로 땋은 연화는 도라지꽃 같았다.

울 밑에 선 봉선화야 네 모양이 처량하다
길고 긴 날 여름철에 아름답게 꽃 필 적에
어여쁘신 아가씨들 너를 반겨 놀았도다

어언간에 여름 가고 가을바람 솔솔 불어
아름다운 꽃송이를 모질게도 침노하니
......

연화 목소리가 파르르 떨려 노래가 더 처연하게 들렸다. 사람들은 슬픈 노랫말과 가락에 젖어 숙연한 모습이었다. 치맛자락이나 옷소매로 눈물을 훔치는 사람도 더러 있었다. 사람들 사이 갯동의 모습은 유난히 도드라졌다. 갯동은 불긋불긋 여드름이 솟아 멍게 같은 얼굴로 입을 헤 벌린 채, 홀린 듯 연화를 바라보았다.

영등은 〈봉선화〉 노래를 처음 듣던 날이 떠올랐다. 영등이 강습소로 들어서는데 선생님이 창가에 서서 하모니카를 불고 있었다. 하모니카에서 나지막이 흐느끼듯 흘러나오는 곡조는 너무도 구슬펐다. 가슴에 응어리진 속울음이 하모니카를 통해 비어져 나오는 것만 같았다. 선생님 얼굴 또한 어둡고 슬퍼 보였다. 영등은 선생님의 비밀 일기장을 훔쳐본 것만 같아 밖에서 노래가 끝날 때까지 기다렸다. 그날, 선생님은 야학생들에게 〈봉선화〉 노래를 가르쳐주면서 봉선화는 일제에 빼앗긴 나라를 상징한다고 했다. 그러나 영등에게 〈봉선화〉 노래는 선생님의 우수 어린 그림자로 새겨졌다.

"다음 순서는 양춘자의 재담으로, 제목은 '거짓말 내기'입니다. 큰 박수로 맞아줍서."

공부 시간에도 툭툭 우스갯소리를 던져 남 웃기기를 좋아하는 춘자는 이야기를 실감 나게 하는 재주가 있었다. 똑같은 이야기도 춘자가 하면 더 재미있었다. 춘자는 상기된 얼굴로 재담을 시작했다.

"옛날 어느 고을에 놀부처럼 마음 고약한 원님이 살았주양. 하루는 원님이 방을 붙였신디, 거짓말 내기에서 이기면 돈 백 냥을 주고, 지면 곤장 열 대를……."

손짓 발짓 섞어가며 익살스러운 표정으로 들려주는 춘자의 재담에 사람들은 배꼽을 잡고 웃었다. 그리고 마치 자신들이 사또와의 내기에서 이긴 듯 통쾌한 얼굴이었다. 모두 떠들썩하니 웃고 즐기는 가운데, 순사만은 딱딱한 얼굴로 가끔 수첩에 무언가를 적고 있었다.

마지막 순서는 감은장아기 연극이었다. 할망에게 수없이 들은 것으로, 감은장아기가 부모에게 기대지 않고 자기 운명을 스스로 개척해나가는 이야기였다. 그것은 섬 여인들의 이야기였다. 섬을 떠나 머나먼 육지로 나가 물질하고, 틈틈이 밭일하고, 망건 짜고, 밤엔 강습소에 나가 공부하는 야학생들 모두가 감은장아기였다.

감은장아기들이 연극을 마친 뒤, 무대에 서서 노래했다. 영등이 노랫말을 만들고 강오규 선생님이 곡을 붙인 것이었다.

배꼽 아래 선 거뭇한 감은장아기
씩씩하고 용감한 바람 섬의 딸아
부모님 품 박차고 세상으로 나가
한 고비 두 고비, 산 넘고 물 건너
험한 세상 부딪치며 세상에 눈뜨니
모진 비바람 닥쳐도 두렵지 않아
……

순사는 발표회가 끝나자마자 일찌감치 자리를 떴다. 경품 뽑기까지 마치고 떡이랑 술을 나눠 먹으며 여흥을 즐기던 사람들도 하나둘 일어섰다.

영등은 떨리는 마음으로 무대 위로 올랐다.

"여러분! 오늘 행사는 2부가 더 준비돼 있어마씸. 떠나지 말고 자리에 앉아줍서양."

자리를 뜨려던 사람들은 의아한 얼굴로 다시 앉았고, 당국의 입장으로 보면 아주 불온한 2부가 시작되었다. 행사가 끝난 것으로 위장한 것도 그 때문이었다.

김소월의 시 암송으로 2부가 시작되었다.

나는 꿈꾸었노라, 동무들과 내가 가지런히

벌 가의 하루 일을 다 마치고
석양에 마을로 돌아오는 꿈을,
즐거이, 꿈 가운데.

그러나 집 잃은 내 몸이여,
바라건대는 우리에게 우리의 보습* 대일 땅이 있었더면!
......

사람들은 〈봉선화〉 노래를 들었을 때처럼 비감한 얼굴이었다.
다음 순서는 바깥물질 다녀온 이야기였다. 옥순이 삼촌이
울산으로 물질 간 이야기를 들려주었다. 순덕이 상어에 물려
죽고, 새각시 삼촌이 돈 한 푼 손에 쥐지 못해 섬으로 돌아오
지 못한 이야기에 사람들은 눈물을 훔쳤다. 대마도로 물질 갔
을 때, 텃세 부리는 일본 해녀들을 물질 실력으로 코를 납작하
게 해주었다는 이야기엔 환호를 보냈다.

마지막으로 영등의 연설 차례였다. 영등은 처음 무대에 선
듯 떨렸다. 돌아간 순사가 행여 다시 오지 않을까 두려웠다.
긴장으로 등에서 식은땀이 흐르고 입이 바싹 말랐다. 사람들

---

* 쟁기를 술바닥에 끼워 땅을 가는 삽 모양의 쇳조각.

사이로 강오규 선생님 얼굴이 보였다. 선생님이 영등을 바라보면서 고개를 끄덕였다. 넌 잘할 수 있다, 선생님의 눈빛에서 무언의 말이 들렸다.

영등은 심호흡을 한 뒤 연설을 시작했다.

"여러분, 우리는 벌이랑 누에랑 개미처럼 살아왔습니다. 벌이 부지런히 날아다니며 꿀을 모으듯이, 물때엔 물질하고 밭때엔 밭일하면서 양식을 장만했습니다. 우리는 누에처럼 살았습니다. 누에가 부지런히 실을 뽑아내듯이, 물레로 실을 자아 옷을 해 입었습니다. 우리는 개미처럼 살았습니다. 개미가 부지런히 집을 마련하듯이, 흙으로 벽 만들고 새*로 이엉 얹어 집 짓고 이웃이랑 삼춘 조카 되어 한 식구처럼 살았습니다."

사람들은 바스락거리는 소리 하나 내지 않고 연설에 귀를 기울였다. 차츰 떨리던 마음이 가라앉았다.

"그런데 어느 날 갑자기, 뻐꾸기란 놈이 날아와서 집을 빼앗았습니다. 천금 같은 내 새끼 집 밖으로 밀어내고, 남의 집 뻔뻔하게 차지하고 제 새끼 키웠습니다. 내 새낀 집도 없이 오들오들 떨면서 굶어 죽어가는데, 불한당이 낳은 자식 먹여 살리느라 허리가 휘고 팔다리가 부서집니다. 우린 땅도 바다도 다 뺏기고……."

모슬포 비행장 공사장에서 들려오는 소문은 점점 흉포해지

---

* 볏과의 여러해살이풀.

고 있었다. 영덕 또래의 열 살 겨우 넘은 사내아이들까지 끌어다 곡괭이질을 시킨다고 했다. 무덤처럼 생긴 비행기 창고를 만드는데, 고된 일에 쓰러져 죽고 흙에 파묻혀 죽어 그야말로 무덤이 따로 없다고 했다. 땅을 뺏고 사람들을 끌어가는 것도 모자라 돌담까지 마구 허물어 공사장으로 가져간다고 했다. 신구간이 아니면 집안의 돌 하나, 나무 하나 마음대로 옮기지 않는 사람들이었지만, 저들의 횡포엔 어찌할 수 없었다.

"우리는 우리 권리를 찾아야 합니다. 높은 성도 돌 하나로 쌓지 못합니다. 여럿이 하나로 모여야 큰 힘이 됩니다. 천이 모이면 천의 힘, 만이 모이면 만의 힘……."

연설을 마치자 사람들의 박수가 쏟아졌다. 1부 때 하회탈처럼 웃던 사람들의 얼굴엔 슬픔과 분노가 일렁였다. 오래전부터 가슴속에 차곡차곡 쌓인 것이었다.

강오규 선생님도 환하게 웃으며 박수를 보내주었다. 영등은 선생님을 실망시키지 않은 것 같아 마음이 놓였다. 늘 자신의 역량 이상으로 믿어주는 선생님이었다. 영등은 무엇보다 자신과 싸워 이긴 것 같아 기뻤다. 선생님이 영등에게 처음 연설을 권했을 때 선뜻 용기가 나지 않았다. 그런데 선생님이 들려준 알 이야기가 떠오르면서 그것을 피하면 영영 알에서 깨어 나오지 못할 것만 같아 두려웠다. 영등은 물숨을 먹은 뒤 다시 물에 들어갈 때처럼 입술을 앙다물었다. 연설할 때 주먹을 어찌나 세게 쥐었는지 연설을 마친 뒤 보니 손톱이 살을 파고들어 손톱 밑에 핏물이 배어 있었다.

연설을 시작할 때보다 마치고 나니 이상하게 더 떨렸다.

매정하게 떠난 님 돌아오듯 다시 봄이 왔다. 들마다 일렁일렁 봄기운이 가득해 온 천지가 마치 훈훈한 신방 같았다.

곡우 무렵 춘자는 혼례를 치렀다. 신랑은 연화한테 그토록 목매던 갯동이었다. 보통은 신랑이 서너 살 어린데 춘자는 열일곱 살 동갑내기와 부부의 연을 맺은 것이었다. 한 치 앞을 못 보는 게 인생이던가. 춘자와 갯동의 혼인은 생각지도 못한 일이었다.

불턱 잔치 뒤로 갯동은 연화에 대한 마음을 숨기지 않았다. 영등이랑 춘자가 보는 앞에서도 연화의 구덕 안에 직접 잡은 옥돔이나 갈치를 넣어주곤 했다. 그 바람에 사달이 난 건 춘자였다. 춘자는 갯동에게 목걸이를 내던지고는 자신을 농락했다면서 울며불며 난리 쳤다. 속없어 보이리만치 웬만한 일엔 웃고 넘어가는 춘자가 그렇게 화내는 모습은 처음이었다.

지난가을 불턱 잔치를 마치고 얼마 뒤, 갯동은 연화에게 금가락지를 주면서 청혼했다. 그러나 연화는 냉랭하게 뿌리쳤다. 갯동이 바다에 뛰어들면서 죽겠다고 한바탕 난리를 쳤지만 요지부동이었다. 병석에 있는 갯동의 어멍은 눈 감기 전에 막내아들 장가가는 걸 보고 싶다며 성화였고, 급해진 혼담은 춘자에게로 갔다. 처음에 펄쩍 뛰던 춘자는 갯동 어멍의 애원에 마음이 약해졌는지 연화에게 혼인해도 되냐고 물었다. 그러자 연화는 오히려 앓던 이 빠진 것처럼 속이 시원하다고 했다. 연화가 마음을 받아주지 않아 홧김에서였을까? 아니면 어멍에 대한 효심 때문이었을까? 갯동은 어멍이 시키는 대로 고분고분 따랐다.

춘자의 혼인날, 연화 얼굴은 말처럼 그리 개운해 보이진 않았다. 반면에 춘자는 남의 형편 생각해 족두리를 쓴 사람치고 별나게 환한 모습이었다. 춘자가 갯동 어멍의 소원을 들어준다는 건 한낱 핑계뿐일지 몰랐다. 영등은 욕심 없는 춘자가 목걸이에 탐낼 때부터 춘자가 갯동을 마음에 두고 있는 걸 눈치챘다.

여름이 되자 집집이 울안에도, 올레에도 봉숭아꽃이 유난히 흐드러졌다. 영등은 연화와 함께 섬돌 위에 앉아 돌멩이로 콩콩 봉숭아 꽃잎을 찧었다. 소금과 함께 꽃이 으깨어지면서 붉은 꽃물이 돌 위에 질펀했다. 물씬, 들큰한 냄새가 코로 스몄다. 영등은 으깬 꽃잎을 연화의 손톱 위에 얹고서 봉숭아 잎으로 돌돌 말았다. 오늘 밤 꽃잠을 자는 동안 손톱은 붉게 물들 것이었다.

"울 밑에선 봉선화야 네 모양이 처량하다. 길고 긴 날 여름철에……."

연화는 영등에게 손을 맡기고는 멍하니 노래를 불렀다. 강오규 선생님이 흐느끼듯 불던 하모니카 소리와 함께 슬퍼 보이던 선생님 얼굴이 떠올랐다.

이번엔 연화가 어줍은 손으로 영등의 손톱에 꽃물을 들여주었다. 영등은 양손을 쫙 펼쳤다. 염을 한 듯 꽁꽁 싸맨 사이로 붉은 꽃물이 비어져 나왔다. 핏빛이 선득했다. 일전에 순사가 손끝으로 칼을 훑던 모습이 떠올랐다.

요즘 들어 부적 야학강습소에 자주 나타나는 살쾡이 순사가 얼마 전 수업이 끝난 시간에 불시에 찾아왔다. 을 반 선생님은 먼저 가고 강오규 선생님 혼자 있을 때였다. 그는 킁킁거리며 냄새를 맡는 사냥개처럼 책상 위에 걸터앉아 책이며 수첩을 넘겼다. 그러더니 갑자기 옆구리에 찬 칼을 빼 손으로 칼날을 훑었다.

"강 선생, 당국에서 선생을 주시하고 있소. 우리 황국이 야학강습소를 열도록 허락한 건 그것이 국민의 기초 교육에 이바지하기 때문이오. 우리 목표는 기초 교육을 굳건히 해서 생산 증대로 이어지는 것이오. 그러니 이 점 각별히 유념하고 불순한 행동은 마시오."

육지에서 건너온 오랜 경력의 순사는 조선 말이 유창했다. 억양이 조금 다른 것을 빼고는 일본 사람이라는 게 믿기지 않을 정도였다.

"학생들을 가르치는 교실이오. 아무 때나 불쑥불쑥 찾아오는 건 삼갔으면 합니다. 그리고 괜한 트집 잡지 마시오."

육지 말을 하는 순사에게 선생님도 육지 말로 싸늘하게 말했다. 오랫동안 육지에서 공부해 자연스럽게 육지 말을 하는 선생님이 영등은 조금 낯설게 느껴졌다.

"강 선생! 선생의 학생 시절 불량한 행적들을 다 알고 있소. 수업 거부 주도, 학생과 주민들 선동, 불온 단체 가입…… 요즘 이상한 삐라가 돌고 있다는 소문이 있던데, 냄새만으로도 당장 끌고 가서 족칠 수도 있소. 하지만 우리 대일본제국은 법을 중시하는 나라요. 꼬리가 길면 잡히는 법, 당국은 곧 증거를 찾아낼 것이오. 조금이라도 허튼짓을 했다가는 용서치 않을 것이오."

키 작은 순사는 선생님의 얼굴 바로 앞에 얼굴을 들이대고는 한 마디 한 마디 짓이기듯 눌러 말했다.

얼마 전, 성산포에서 시위가 있었다. 일본 상인의 횡포와 간사한 조합 서기의 부정에 항의하는 집단 시위였다. 그때 해녀회 대표들이 모여 대책을 의논한 뒤 함께 삐라를 만들어 돌렸다. 덕분에 성산포 사건은 순식간에 구좌면 일대에 전해졌다. 선생님이 음으로 양으로 해녀회 일을 도운 건 사실이었다. 순사가 삐라 운운한 것은 그걸 두고 말하는 것이었다.

선생님은 서슬 퍼런 순사 앞에서 조금도 위축되지 않았다. 적의를 굳이 감추지 않는 눈, 영등은 그 꼿꼿함이 두려웠다. 순사가 가고 나서 걸레를 움켜쥔 영등의 몸이 덜덜 떨렸다. 칼을 든 순사가 무서워서였을까, 아니면 다른 무엇 때문이었을까. 이를 앙다물고 몸에 힘을 주어도 떨림이 멈추지 않았다.

"영등아, 왜 그렇게 떠니?"

선생님이 영등의 양쪽 어깨를 꽉 힘주어 잡았다. 보이고 싶지 않았는데 들키고 말았다. 떨리는 게 가라앉고 나자 갑자기 얼굴이 붉어졌다. 영등은 황급히 고개를 숙였다. 선생님은 영등의 등을 두어 번 두드리고는 어깨에서 손을 뗐다.

"선생님은 순사가 무섭지 않아마씀?"

영등은 궁금했다. 선생님의 겉모습처럼 마음속에도 정녕 두려움이 없는지.

"영등아, 진짜 무서운 게 뭔지 아니? 그건 일본 순사가 아니라, 나 자신이 비겁해지는 거다. 두려움은 밖이 아니라 내 안에 있어."

선생님은 등을 돌리고 창밖을 보았다. 뜻밖이었다. 두려움이란 단어는 선생님이랑 어울리지 않는 것인 줄 알았다. 영등은 지금껏 선생님에게서 어떤 일이든 주저하는 빛이라곤 본 적이 없었다. 중요한 일을 할 때마다 선생님의 눈빛은 빛났고, 몸은 민첩했다. 마치 몸 스스로 무엇을 해야 할지 알고 있기라도 하듯이.

영등은 요즘 들어 가슴이 자주 두근거렸다. 영등은 다리를 끌어모아 가슴에 붙이고 팔로 감싸 안았다. 그리고 팔에 힘을 주어 지긋이 가슴을 눌렀다.

"〈봉선화〉노래 부르니까 잘도 슬프멘."

"……."

"영등아, 무슨 생각을 그리 골똘히 하멘? 내 말도 못 듣고."

"웅? 미, 미안. 연화야, 뭐라 핸?"

"너 요즘, 꼭 정신 나간 사람 같다. 〈봉선화〉 노래 부르니까 잘도 슬프다고 했신게."

연화가 샐쭉하니 말했다.

"연화야, 너 그 뽀마드 아직도 생각햄시냐?"

"아니. 그깟 사내 이제 다 잊언."

연화는 여전히 가슴앓이하고 있는 게 분명했다. 생글생글 잘 웃는 연화 얼굴에서 웃음이 사라진 지 오래였다.

"잘했다게. 난 그 뽀마드, 처음부터 맘에 안 들었어."

지난해 부산에서의 한바탕 소동이 어제 일처럼 선명했다.

영등이 범내골에 간 날, 춘자랑 연화는 용두산 제화점을 물어물어 찾아갔다. 그런데 뽀마드 사내는 제화점이 아니라, 그 앞 손바닥만 한 간이 막사에서 구두 닦는 일을 하더라고 했다. 사촌 형이 레코드사 다닌다는 것도 다 거짓말 같았지만, 연화는 그 말을 철석같이 믿었다. 그 뒤로 혼자서 뽀마드 사내를 한 번 더 만난 연화는 그에게 푹 빠져 섬으로 돌아가지 않겠다고 했다. 영등은 춘자와 함께 불나방 같은 연화를 겨우 말렸다. 섬으로 돌아온 뒤, 연화는 하루가 멀다 하고 부산으로 편지를 보내며 눈이 빠지게 소식을 기다렸다. 그러나 뽀마드는 감감무소식이었다.

춘자는 서리 맞은 병아리처럼 매가리 없는 연화를 볼 때마다 푸르르 성을 내곤 했다.

"내가 형밴지 아우밴지 그 뽀마드, 모가지를 확 비틀어 절영도 바다에 던져버리고 싶다. 그럼 미역 뒤집어쓰고 헤엄친다는 그 호랭이가 물어갈 거 아니?"

그러면 연화는 속이 좀 풀리는지 배시시 웃곤 했다.

"춘자 시집가니까 잘도 허전한디, 영등이 너까지 맨날 넋 빼고 있고……."

연화 눈엔 눈물이 대롱거렸다.

"에고! 불쌍한 우리 연화, 춘자가 멀리 시집갔으면 어쩔 뻔했?"

영등은 투정 부리는 동생 달래듯 연화의 등을 토닥여주었다.

한 동네로 시집을 갔는데도 물질할 때 빼고는 춘자 얼굴을 보기가 힘들었다. 춘자는 병석에 있는 시어멍 수발하랴, 물질하랴, 동무들이랑 노닥거릴 짬이 없었다. 공부 시간마다 우스갯소리 하는 걸 즐기던 춘자는 야학강습소에도 나오지 못했다. 함께할 시간이 줄기도 했지만, 얼마 전 입덧을 시작한 춘자는 왠지 다른 세계 사람 같았다. 혼인한 뒤로 춘자는 삼촌들이랑 얘기가 더 잘 통하는 듯했다. 셋이 붙어 다니면서 말똥만 굴러가도 웃던 때와는 사뭇 다른 느낌이었다.

"춘자는 신접살이 재미 좋으까?"

연화 말에 영등은 얼마 전 춘자가 했던 말이 떠올랐다.

"개똥이 아직도 연화한테 마음 있는 거 같으멘. 잘 때도 등

돌리고 잔다게. 그래도 효자 아니? 어멍 눈 감기 전에 소원 들어준다고 맘에도 없는 혼사를……. 에고! 영등아, 괜히 맘 쓰지 마라. 부지런히 돈 벌어 밭뙈기라도 사면 저도 맘 돌리크라."

춘자는 대수롭지 않은 듯이 말하며 웃었지만, 속으론 적잖이 서운한 기색이었다.

연화는 멍하니 손톱을 내려다보면서 말했다.

"사내들 말은 믿을 게 못 된다. 개똥이, 내가 맘 안 받아주면 바다 귀신이 되겠다고 그 난리 치더니……."

"개똥이 맘 안 받아준 거 후회하니? 내가 먹긴 싫고, 남 주긴 아깝고, 뭐 그런 거라?"

"아니다. 그냥 사내들이 실망스럽단 얘기주게."

부쩍 쓸쓸한 모습을 보이던 연화는 춘자가 혼인한 뒤 더 외로움을 탔다. 영등은 문득 연화에게 미안한 마음이 들었다. 연화가 부산 사내 때문에 속 끓이는 걸 알면서도 살뜰히 다독여주지 못했기 때문이었다. 영등은 반건달 같은 사내가 못마땅하기도 했지만, 그보다 남자에게 빠져 허우적대는 연화를 도무지 이해할 수 없었다. 동생들 생각으로 꽉 차 있는 영등에겐 다른 사람이 마음을 비집고 들어올 틈이 없었다.

그런데 언제부터였을까? 집에 가는 길에 자전거를 태워주었을 때부터였을까? 하모니카를 불던 그때부터였을까? 강오규 선생님이 영등의 마음속에 깊숙이 들어와 있었다. 영등을 바라보는 따스한 눈빛, 부드러우면서도 힘 있는 목소리, 가끔 얼굴에 드리우는 어두운 그림자……. 불쑥불쑥 선생님의 모습이 떠올랐고, 자꾸만 가슴이 뛰었다. 영등은 그런 자신이 너무 낯설고도 당혹스러웠다. 선생님이 자리한 마음을 비워내고 싶은데 뜻대로 되지 않았다.

"연화야, 뽀마드 싹 잊고 우리, 섬에서 오래오래 같이 살게."

영등은 봉숭아 물이 옷에 닿지 않게 조심하면서 연화를 안았다. 야위어 더 조붓해진 어깨가 가슴에 쏙 들어왔다. 영등은 미안하고 가여운 마음에 콧등이 시큰했다.

한 손에 빗창 들고

옥순이 삼춘이 에염에 이시난 이디까장 왔다. 옥순이 삼춘은
어느 땐 씩씩한 대장부 가트곡, 어느 땐 자미진 동모 가트다.

이듬해 팔월 초순, 태풍이 섬을 휩쓸고 지나갔다. 소라며 전
복이 바위에 꽉 달라붙어 있는 걸 보니 바람이 크게 불 거라던
빌레 삼촌의 말이 맞았다. 뭍에서 개미들이 큰비 내릴 것을 감
지하듯이, 바다 생명들도 물결이 거세질 걸 알고 미리 대비했
다. 거친 바다에서 목숨을 부지하기 위해 예민한 감각을 키워
냈을 터였다.

전쟁의 상흔처럼 태풍이 지나간 자리는 처참했다. 지붕이
날아가고, 길이 끊기고, 배가 파손되었다. 바다 가까이 있는
갯동네 집도 태풍 피해가 컸다. 지붕이 바람에 벗거지 벗겨지

듯이 홀랑 날아갔고, 집 안으로 물이 들었다. 춘자는 그 와중에도 방에서 물질할 뻔했다고 객쩍은 소리를 하면서 웃었다.

"지금 웃음이 나오니? 넌 참 속도 좋다."

영둥은 춘자에게 화가 났다. 배 속에 아기까지 있어 울어도 시원찮을 판에 웃음이라니! 달포 전, 춘자는 한창 입덧 중에 시어멍의 장례를 치르느라 여간 고생한 게 아니었다. 너무 기막혀 해까닥 정신이 돈 게 아닐까 걱정마저 들었다.

"울고불고 난리 친다고 원래대로 돌아가는 것도 아니고, 차라리 정신 나간 년마냥 웃는 게 속 편하주게."

영둥의 속마음을 읽은 걸까? 춘자는 초연한 듯 말했다.

영둥은 큰일을 당하고도 무너지지 않고 견뎌주는 춘자가 한없이 고마웠다. 춘자는 늘 그랬다. 어지간한 일에는 얼굴을 찡그리는 법이 없었다.

영둥은 연화와 함께 흙탕물을 뒤집어쓴 세간살이를 닦고 이불이며 옷 빨래를 거들었다. 마을 사람들과 함께 새 이엉을 엮는 갯동은 마치 신방이라도 꾸리듯 얼굴에 웃음을 감추지 못했다.

"연화가 집안일을 거드니까 제 각시라도 된 거 같나 잘도 좋아한다."

춘자는 영둥의 귓가에 대고 남의 서방 흉보듯 하며 히죽히죽 웃었다. 영둥은 속없는 춘자 모습에 어이가 없어 웃음이 나왔다.

상처에 새살이 돋듯 참혹했던 마을은 차츰 복구되어 옛 모습을 찾아갔다. 넘어지면 오뚝이처럼 다시 일어서는 사람들이었다. 그들의 무릎을 꺾는 건 태풍 같은 자연재해가 아니었다.

바다는 술에 취해 밤새 난동을 피우다 술이 깬 뒤 언제 그랬냐는 듯이 얌전해진 술주정뱅이처럼 잔잔하기 그지없었다. 격랑이 가라앉기만을 기다리던 해녀들은 다시 바다에 들어 감태를 건지고 전복을 땄다. 그리고 일본 상인 나카야마에게 넘겼다. 도사에게 뇌물을 주고 조합으로부터 매수권을 지정받은 사람이었다. 그는 시중에서 백 근당 4원이 넘는 감태를 절반도 안 되는 헐값에 사들였다.

한창 대륙 침략의 야욕에 사로잡힌 일본은 화약의 원료인 감태 생산에 열을 올렸다. 제주에 가공 공장을 만들고, 감태 채취를 위해 해녀들을 본국으로 강제 징집해가기까지 했다. 감태의 수요가 늘어 값이 좋았지만, 해녀들에겐 그림의 떡이었다.

작업량에 대한 돈을 정산하는 날, 나카야마는 그나마 다 지불하지 않고 깎아 지급했다. 재난을 당해 수렁에서 겨우 헤어나온 사람들에게 물 한 모금 주지는 못할망정 주머니를 터는 격이었다. 더는 참을 수 없었다.

영등은 옥순이 삼촌과 함께 조합 주재소로 갔다.

옥순이 삼촌이 조합의 서기에게 따졌다.

"지금 이게 말이 되는 경우꽈? 조합이 만든 공동 경매 조항을 안 지키는 것도 억울한디, 헐값을 매겨놓고 그것도 모자라 돈을 떼먹고…… 당장 시정해줍서. 우리, 바보 등신 아니우다게."

해녀조합은 해녀들이 수탈당하는 것을 보다 못한 마을 유지들이 관을 설득해 매우 어렵게 만든 것이었다. 의당 해녀들의 권익을 위해 힘써야 할 조합은 해산물의 공개 입찰을 비롯해 해녀들을 보호하기 위해 만든 각종 규약을 제대로 지키지 않았다. 조합은 해녀들의 보호엔 아랑곳하지 않고 오히려 상인과 결탁해 그들을 착취하기 바빴다.

서기, 마스다는 적반하장으로 얼굴을 붉히면서 으름장을 놓았다. 이렇게 한꺼번에 사주는 걸 고맙게 여기라는 둥, 고분고분하지 않으면 그나마 없다는 둥…….

"다 집어치우고 당장 우리가 개별적으로 경매 입찰하게 해줍서."

"저울질 속이는 것도 단속해줍서. 조합이 해녀들을 보호해야 하는 거 아니꽈? 우리가 숨 참아가면서 죽을 힘 다해 건지는 거우다. 한 근만 줄어도 살 떨리는데 몇 근씩이나……."

영등은 저울 눈속임을 따졌다. 전엔 대강 눈어림으로 알았지만, 이제 야학에서 대저울 읽는 법을 익혀 훤했다.

서기는 영등에게 삿대질하면서 소리쳤다.

"근수를 속이는 게 아니라, 물 무게를 뺀 거다. 물기! 물을 먹었으니 물기를 빼야지."

억지도 그런 억지가 없었다. 옥순이 삼촌이 버럭 되받아쳤다.

"돼지 무게 잴 때 똥오줌 무게 빼고, 고추 근수 달 때 고추씨 무게 뺍수꽈? 망사리로 물이 다 빠지는데 물 무게는 무슨? 귀신 씻나락 까먹는 소리 하지 맙서!"

옥순이 삼촌은 다시 목소리를 높였다.

"그라고, 해녀조합이 누굴 위해 만들어진 거꽈? 상인 횡포 눈감아주고, 냄새 나는 뒤 봐주라고 만든 거꽈? 조합 서기면 해녀들을 위해 일을 해야지, 집 지키라고 문지기 세웠더니 도둑한테 곳간 문 열어주는 격 아니꽈?"

옥순이 삼촌은 숨을 크게 쉬고는 엄중한 목소리로 말했다.

"내 말 잘 들읍서. 이제 우리 절대로 가만히 앉아서 당하고만 있지 않을 거우다. 감태랑 전복 가격 시가에 맞춰 조정하고, 저울질 속이는 거 당장 그만두지 않으면 우리가 직접 도사 만나서 담판 지을 거니 그리 압서."

옥순이 삼촌의 눈에서 푸른 불빛이 일었다.

섬을 할퀴고 지나간 태풍이 다시 몰려오고 있었다. 지금껏 보지 못한 거대한 태풍이었다.

섬에 겨울이 들었다. 높하늬바람이 살을 에어 이럴 땐 차라리 물에 드는 것이 견디기 수월했다. 불턱을 둘러싼 돌담이 바람을 어지간히 막아주었지만, 구멍 사이로 황소바람이 들어와 뚜데기 속으로 파고들었다.

"오늘 저녁 먹고 학교 운동장으로 모이는 거 알주양? 오늘 삐라 돌리는 일도 협조해줍서. 이번엔 우리 목적을 꼭 이뤄냅시다."

옥순이 삼촌이 불턱에 둘러앉은 해녀들을 둘러보며 말했다. 산달이 가까워진 삼촌의 배는 몰라보게 불러 있었다. 곧 순아에게 동생이 생길 것이다. 올봄, 삼촌은 불턱에서 임신 소식을 전하면서 일 년 만에 하늘을 보았는데 별을 땄다며 너털웃음을 웃었다. 삼촌의 나이 스물셋이었다.

옥순이 삼촌은 연합 해녀회의 대표였다. 각 마을 대표들이 모여 주재소를 찾아가 상인의 부정을 여러 차례 항의했지만 소용없었다. 해녀조합은 상인의 횡포를 막기는커녕 방관했고, 오히려 한통속이 되어 그들을 도왔다. 개도 제 밥그릇을 뺏기면 주인을 무는 법, 더는 당하고만 있을 수 없었다. 조직된 힘이 필요했다. 마을별로 조직된 해녀회는 서로 연대했고, 옥순이 삼촌이 대표로 선출된 것이었다. 삼촌이 맡고 있던 하도리 해녀회의 대표는 영등이 맡았다.

해녀회에서 격문을 만들어 조합의 기만과 부당성을 널리 알렸다. 그리고 저녁마다 학교 운동장에 모여 구호를 외치고 노래를 부르며 결의를 다졌다. 영등은 불턱 잔치 때 연설한 것을 계기로 집회 때마다 연설을 맡았다. 겨울이면 하도리로 날아와 갯가를 덮는 철새 떼. 영등은 그들을 이끄는 우두머리 새처럼 어느덧 동료들 앞에 서 있었다. 옆에 있기만 해도 든든한 옥순이 삼촌과 함께.

한적한 바닷가 마을엔 범상치 않은 진동이 일고 있었지만, 겉으로는 별반 달라진 게 없었다. 예년처럼 망종 무렵 보리 수확을 했고, 보리를 거둔 밭에 조 파종을 위해 밭갈이를 했다. 보리 수확하랴, 조 심으랴, 콩 심으랴, 밭일만으로도 발등에 오줌 싸게 바쁜 와중에 물때가 되면 우르르 바다로 달려갔다. 그야말로 눈썹에 불붙어도 끌 겨를도 없이 바빴다. 그런 가운데 쌓이고 쌓인 분노는 점점 임계점을 향해 치닫고 있었다.

"저기, 조합 서기 아니꽈?"

옥순이 삼촌이랑 비슷하게 배가 불러온 춘자가 불턱 입구 쪽을 가리켰다.

양복 차림에 서류 가방을 옆에 낀 서기가 종종걸음으로 불턱을 향해 걸어오고 있었다. 미운 놈 집 지붕에 앉은 까마귀도 미운 판에, 사사건건 상인 편에 서서 해녀들을 우롱하는 자였다.

"아지망들! 마침 불턱에 나와 계십네다. 밀린 조합비 걷으러 왔수다게."

서기의 말이 떨어지기가 무섭게 옥순이 삼촌이 벌떡 일어나 삿대질하며 고함쳤다.

"곤장 메고 매 맞으러 완? 조합비는 무슨 조합비? 조합이 우릴 위해 뭘 했다고. 지금까지 낸 조합비도 다 토해내라!"

해녀들은 조합에 대한 울분을 서기에게 쏟아냈다.

"우린 조합 필요 없어. 이제 우리 손으로 캐낸 거 우리가 직접 판매할 거라."

"우리 피를 그렇게 빨아먹고도 성에 안 차니?"

"무슨 낯짝으로 조합비를 받으러 완? 벼룩도 낯짝이 있주."

한둘을 상대할 땐 늘 고압적이던 서기는 무리의 공격에 놀라 머리를 조아렸다.

"난 아무것도 모릅네다. 위에서 시키는 대로 할 뿐이우다."

"아무것도 모르면 뭐 하러 완? 그 양복이랑 구두도 우리 돈으로 산 거니 다 내놓으라."

서기는 해녀들의 서슬에 놀라 똥줄이 빠지게 도망쳤다. 도둑 잡으려 방망이 들고 서 있는데 도둑이 제 발로 걸어들어온 짝이었다.

일본에게 나라를 빼앗긴 지 스물두 해, 광풍이 몰아치는 격랑 속에서 해가 바뀌었다. 일월 스무나흘, 드디어 결전의 날이 밝았다. 처녀 젖가슴 같은 오름 위로, 푸른 보리밭 위로, 아침 햇살이 고요히 비치는 평온한 아침이었다. 납작납작 지붕마다 젖빛 연기가 솟아올랐고, 바다엔 갈매기들만 한가로이 날았다. 물때가 맞아 바다 가득 숨비소리가 고적하게 흐를 시간이었다.

영등은 치마저고리 차림에 머리엔 물수건을 두르고 그 위에 물안경을 썼다. 전대에 빼떼기랑 메밀떡 등 비상식량을 넣어 허리에 차고, 손엔 빗창을 들었다. 집을 나서기 전, 영등은 전장으로 떠나는 병사의 심정으로 동생들 얼굴을 하나하나 눈에 담았다. 전날 밤, 잠들었을 때 닳도록 어루만지고 바라본 얼굴이었다. 하루가 걸릴지, 이틀이 걸릴지, 아니면 무사히 집으로 돌아올 수 있을지 모르는 일이었다.

"영춘아, 영덕이랑 영심이 데리고 퍼뜩 들어가라."

영등은 병아리들처럼 졸졸 뒤따르는 동생들을 돌아보며 말했다. 영춘은 수심 가득한 얼굴이었고, 영덕은 누이와 형의 눈치를 번갈아 살피면서 불안한 모습이었다. 영심은 눈물범벅이었다. 영등이 해녀들 앞에서 연설하는 것을 못내 자랑스러워하던 영심은 지난번 시위 때 영등이 주재소로 끌려갔다가 온 뒤로 두려움에 떨었다. 순사들이 그 뒤로도 수시로 찾아와 위협했기 때문이었다.

지난 첫 번째 세화 장날, 구좌면 일대 하도리의 인근 마을은 물론 소섬까지, 수백 명의 해녀가 모였다. 성안에 있는 해녀조합으로 찾아가 상인의 부당한 처사를 항의하고, 요구사항을 전달하기 위해서였다. 전에 해녀 대표들 몇이 감시를 피해 바닷길로 가다가 풍랑을 만나 되돌아온 적이 있어 당당하게 육로를 택했다. 한낱 메뚜기도 떼로 달려들면 공포이고, 약한 조릿대도 여럿이 묶이면 단단한 법이었다. 구름떼 같은 시위대에 놀라 달려온 면장은 해녀들에게 다급히 사정했다. 닷새 뒤 도사가 순시 올 때 해결해줄 테니 그때까지만 기다려달라고.

시위대는 면장의 말을 믿고 해산했다. 그러나 약속은 지켜지지 않았다. 그로부터 닷새 뒤 해녀들은 다시 모였고, 시찰을 마치고 막 주재소를 떠나려는 도사에게 진정서를 전달했다. 시위대에 겁먹은 도사는 닷새 뒤 문제를 반드시 해결해주겠다고 약속했다. 이번엔 해녀조합의 수장인 도사에게 직접 받아낸 약속이었다. 그러나 도사는 약속을 지키기는커녕 시위에 앞장선 사람들을 잡아들였다. 그때, 영등도 집으로 돌아와 저녁을 안치다가 끌려가 밤새 고초를 겪고 이튿날 풀려난 것이었다. 센 불에 달구어진 쇠는 두들기면 두들길수록 강해졌다. 저들의 거듭되는 기만은 해녀들을 더 굳세게 만들었다. 그들은 자신들을 농락하는 자들과 죽을 각오로 싸우겠다는 투지로 똘똘 뭉쳤다.

다시 돌아온 세화 장날, 오늘이 바로 결전의 날인 것이다. 도사가 시찰 나오는 날이었다.

"몸조심하라게."

영춘이 정낭* 밖으로 따라 나오며 말했다.

"알았으니까 걱정 말고 들어가라."

"걱정을 어떻게 안 햄서? 일본 순사들 눈 시뻘겅한디."

영춘의 눈엔 누굴 향한 것인지 모를 분노로 가득했다.

영등은 마음이 약해질 것 같아 동생들에게서 고개를 돌렸다. 이제 영등에겐 동생들만이 아니라 수백 명의 동료 해녀들

---

* 제주도의 전통 가옥에서 대문 역할을 하는 것으로, 정주석 사이에 걸쳐 놓은 나무 기둥.

이 딸려 있었다. 영등은 옥순이 삼촌과 함께 앞장서 해녀조합을 상대로 시위를 이끌어왔다. 일제 치하에 그들을 상대로 싸우는 일에 선두로 서는 것은 위험한 일이었다. 어느 날 누군가 영등에게 동생들과 동료 해녀들 가운데 누굴 지킬 것이냐고 물으면 당연히 동생들이었다. 그러나 설사 죽음이 기다리고 있다 하더라도 이젠 멈출 수 없었다. 영등은 거대하고 세찬 물줄기에 섞인 물방울이었다. 다른 물방울들과 함께 앞으로 나아가야 했다. 실은 그것이 동생들을 지키는 길이기도 했다. 동생들 핑계로 비겁하게 무릎을 꺾는다면 자신을 지킬 수 없었다. 자신을 지키지 못하면서 다른 누구를 지킨다는 건 불가능했다. 무수한 밤, 잠을 이루지 못하고 고민한 끝에 얻은 결론이었다.

연두망 동산은 해녀들로 가득 차 발 디딜 틈 없이 빼곡했다. 손엔 빗창과 종개호미가 들려 있었다. 그러나 그들이 선 곳은 바다가 아니라 뭍이었다. 아침 바닷바람이 맵찼지만, 시위대에서 뿜어나오는 열기는 그것을 압도했다. 시위대엔 해녀들뿐만 아니라, 인근의 유지들도 꽤 섞여 있었다. 영등은 그들을 보자 가슴이 뜨거워졌다. 그동안 일일이 찾아다니면서 조합의 횡포와 기만을 알리고 협조를 호소한 보람이 있었다. 더구나 기름에 불을 붙인 격으로 섬의 청년들까지 잡혀간 상황이 아니던가.

전날 영덕이랑 영심이 불턱으로 달려와 숨넘어가는 소리로 야학 선생님들이 잡혀갔다는 소식을 전했을 때, 영등은 가슴이 덜컥 내려앉았다. 대쪽 같은 강오규 선생님을 볼 때마다 줄타기하는 광대를 보듯이 불안하던 터였다. 시위가 잇따르자 순사들은 야학 선생들과 먹물 먹은 청년들을 배후 조종자로 지목했다. 영등이 주재소에 끌려갔을 때도, 그들은 머리채를 잡고 발길로 걷어차면서 시위를 부추긴 게 누구냐고 물었다. 선생님들이 야학생들의 의식을 일깨워준 건 사실이지만 시위는 해녀들이 자발적으로 해온 것이었다.

해녀 대표 부옥순. 몸을 푼 지 한 달이 채 못 돼 얼굴이 부석부석한 옥순이 삼촌이 확성기를 들고 시위대 앞에 섰다. 얼마 전 아들을 낳은 삼촌은 몸조리도 못 한 채 시위대를 지휘했다. 버들잎 같은 해녀들을 대나무처럼 단단하게 만들어 놓은 사람이었다. 요즘 삼촌은 불턱에서 우스갯소리 잘하던 그 사람이 맞나 싶었다. 삼촌은 동료 해녀들을 이끄는 투사였고, 영등에게는 든든한 동지였다. 영등은 삼촌의 크고 걸걸한 목소리만 들어도 두려움이 사라지고 힘이 솟았다.

옥순이 삼촌은 해녀조합에 촉구할 요구사항을 읽어내려갔다. 아홉 개의 조항을 하나씩 읽을 때마다 해녀들은 빗창을 높이 들며 환호했다. 그것은 천둥소리와도 같았다.

"해녀조합은 해녀들의 권익을 옹호하라!"

해녀들은 옥순이 삼촌을 따라 빗창을 들어 올리며 외쳤다.

"해녀들을 착취하는 악덕 일본 상인을 몰아내라!"

"죄 없는 청년들을 석방하라!"

시위대의 우렁찬 함성에 동산 위 팽나무 가지들이 몸을 떨었다. 팽나무는 잎을 다 떨구고 빈 가지만으로도 짱짱하니 기품이 있었다. 깡마르고 차림새가 볼품없어도 온몸에 대쪽 같은 기운이 서려 있어 절대로 깔볼 수 없는 사람처럼.

옥순이 삼촌은 해녀조합의 기만과 수탈을 낱낱이 밝히며 규탄했다. 그리고 앞으로 요구사항이 관철될 때까지 싸울 것을 호소했다.

동산을 가득 메운 사람들이 해녀 노래를 불렀다.

우리는 제주도의 가이없는 해녀들
비참한 살림살이 세상이 알아
추운 날 더운 날 비가 오는 날에도
저 바다 물결 위에 시달리는 몸

아침 일찍 집을 나와 황혼 되면 돌아와
어린아이 젖 먹이며 저녁밥 짓는다
……

영등은 부를 때마다 울컥했다. 동료 해녀들의 눈시울도 붉어졌다.

농부들에겐 농한기가 있지만, 해녀들은 북풍한설에도 종

잇장 같은 옷 하나 걸치고 바다에 들어야 했다. 조선의 어느 어진 임금은, 수라상에 올라온 소라며 전복이 한겨울에 아녀자들이 맨몸으로 바다에서 건져 올린 거란 말을 듣고는 다시는 상에 올리지 말라고 했다. 물질은 그 정도로 눈물겨운 일이었다.

해녀들은 그렇다고 자신들의 신세가 처량해 울지는 않았다. 불턱에서 가끔 신세타령할 때도 있지만, 구질구질 길게 끄는 법이 없었다. 눈물방울이 턱 밑으로 채 떨어지기도 전에 불턱은 다시 웃음바다가 되곤 했다. 바다에서 잔뼈가 굵은 삼촌들의 관록 덕분이었다. 바다에서 청승은 자칫 독이 될 수 있었다. 지나친 자기연민으로 냉철함을 잃을 수 있기 때문이었다. 간혹 어린 해녀들이 오래 질질 짰다가는 삼촌들의 호통이 떨어졌다. 삼촌들은 바로 비죽거리는 어린 해녀들의 입에 구운 미역귀나 소라를 넣어주었고, 들썩이는 어깨 위로 두툼한 손을 얹어주었다.

정작 서러운 건 찬 바다가 아니었다. 시시각각 변하는 바다는 때로 해녀들을 위협했지만 배신하거나 농락한 적은 없었다. 바다는 끊임없이 생명을 품었다가 아낌없이 내어주었다. 그들을 서럽게 하는 건, 해녀들의 방패막이가 돼주어야 하는데도 오히려 수탈을 일삼는 해녀조합이었다.

노래가 끝난 뒤, 영등은 옥순이 삼촌에게서 확성기를 건네받았다. 수백 명의 눈빛이 영등에게로 모였다. 솜털 보송보송

한 아기 해녀들, 허리가 굽기 시작한 삼촌들, 젖이 불어 저고리 앞섶이 축축하게 젖은 젖먹이 어멍들……. 순하던 그들의 눈빛은 변해 있었다. 수없이 농락당하면서 독이 오를 대로 올라 눈에서 불빛이 일었다. 차곡차곡 쌓인 분노는 힘이 되었다. 적이 그들을 강하게 만든 것이었다.

개미 떼처럼 까맣게 모인 동료들 사이로 동무들 얼굴도 보였다. 커진 가슴이 저고리 섶 밖으로 비어져 나온 만삭의 춘자, 시위가 거듭될수록 반쯤 넋 나간 모습을 벗고 점점 악에 받쳐 단단해진 연화. 그들 옆으로 순덕이랑 새각시 삼촌의 환영이 보였다.

순덕은 없지만, 순덕의 동생 순옥이 시위대 속에 있었다.

영등은 눈을 부릅뜨고 입술을 앙다물었다.

"우린 오늘 우리의 권리를 찾으려고 이 자리에 모였습니다. 우린 그동안 우리의 권리를 뺏기고 살았습니다. 우리가 건져 올린 해산물, 누구에게 권리 있수꽈?"

"우리우다!"

하늘을 울리는 북소리와도 같은 함성이 영등의 가슴을 울렸다. 해녀 대표 중 한 사람으로 그들 앞에 섰지만, 영등을 단련시키는 건 오히려 그들이었다.

영등은 학교 운동장에 모인 동료들 앞에서 처음 연설하던 때가 떠올랐다. 불턱 잔치 때 미리 준비한 원고를 읊던 것과는 달랐다. 너무 떨려서 온몸이 녹아내릴 것 같고 머릿속이 온통 하였다. 그때 옥순이 삼촌의 말이 떠올랐다. '어멍한테 처음 물질 배우는디 바다가 날 잡아먹을 거 같더라. 무섭다고 피하면 바다가 평생 널 잡아먹을 거라는 어멍 말에 눈 딱 감고 들어갔주.' 강오규 선생님의 말도 생생했다. '두려움이 없으면 성장도 없는 법, 성장 없는 삶이란 죽음과도 같주.' 영등은 그 말들을 주문처럼 되새겼다. 차츰 눈앞이 환해지면서 동료 해녀들의 눈빛이 또렷해졌다. 그 순간, 영등은 차돌멩이처럼 단단해지는 걸 느꼈다. 갑자기 알 수 없는 힘이 온몸에 뻗쳐올랐고, 무사히 연설을 마칠 수 있었다.

"우린 칠성판 등에 지고 차가운 물에 들어가 물질합니다. 된장에 조밥 먹고 소처럼 일합니다. 부모 형제 눈물로 이별하고 육지로, 낯선 타국으로 바깥물질 갑니다. 같이 떠난 한뱃잠수들, 섬으로 함께 못 올 때도 있습니다. 무서운 상어에 죽고……."

영등은 순덕이 생각에 목이 메었다. 먼발치에 있는 순옥의 얼굴 위로 흐르는 눈물이 보이는 것만 같았다.

"전도금 못 갚아 돌아오지 못하고, 물속에서 하나라도 더 따려다 물숨 먹어 죽습니다. 한뱃잠수 앗아간 그 바다에 우린 다시 들어가야 합니다. 슬픔도 참고, 무서움도 참고 들어가 망사리를 채웁니다. 우리가 바다에서 건져 올린 것들, 우리 피눈물입니다. 우리 목숨입니다."

여기저기서 흐느끼는 소리가 들렸다. 동지들의 눈물을 힘

으로 만들어 그들에게 다시 돌려줘야 했다. 영등은 심호흡을
한 뒤 목소리를 높였다.

"그런데 우리 권리를 위해 앞장서야 할 해녀조합은 우리 것
을 착취해 일본 상인들 배만 채워주고 있습니다. 우리가 목숨
걸고 캐낸 걸 저들은 가만히 앉아서 가로챕니다. 멸치도 창자
있고, 지렁이도 밟으면 꿈틀합니다. 저들에게 우리가 개돼지
가 아니고 사람이란 걸 보여줍시다. 우리 권리를 우리 손으로
당당하게 찾읍시다. ……."

영등은 목에서 올라오는 피 냄새를 느꼈다.

"저들은 우리를 짓밟는 것도 모자라 죄 없는 야학 선생님들
까지 잡아갔습니다. 그들은 까막눈인 우리 눈뜨게 해준 죄밖
에 없습니다."

강오규 선생님을 처음 보았을 때의 눈빛, 형형한 눈빛으로
제자들의 의식을 일깨워주던 모습, 일본 순사 앞에서도 눈 하
나 깜짝 않던 모습들이 주마등처럼 스쳐 지나갔다. 영등은 복
받치려는 울음을 가까스로 삼켰다.

"선생님들이 어둠 속에서 우리를 건져줬으니, 이제 우리가
그들을 구해냅시다. 자, 우리 함께 나갑시다!"

우우우우, 동산을 뒤흔드는 함성이 터져 나왔다.

시위대는 구호를 외치면서 질서정연하게 세화 장터로 향했
다. 하루아침에 모인 오합지졸이 아니라, 조직과 체계가 있다
는 것을 정돈된 대열로써 보여주었다.

"악덕조합 물러가라!"

"해녀들을 착취하는 일본 상인 몰아내라!"

"죄 없는 청년들을 석방하라!"

…….

세화 장터에 이르렀을 때 시위대는 눈덩이처럼 불어 천 명이 넘었다. 다른 지역에서 지원 온 해녀들, 장꾼들, 시위 소문을 듣고 모인 구경꾼까지 합세한 것이었다. 옥순이 삼촌의 선창으로 만세삼창을 한 뒤, 시위대는 급히 주재소로 향했다. 연락책으로부터 도사가 주재소에서 떠나려 한다는 소식이 전해진 것이었다.

시위대는 주재소 쪽에서 먼지를 일으키며 달려오는 자동차를 막아섰다. 자동차엔 스스로 한 약속을 헌신짝처럼 던져버린 다구치 도사가 타고 있었다. 벌떼처럼 달려드는 시위대에 놀란 도사는 차 안에서 벌벌 떨며 나오지 못했다. 성난 시위대가 달려들어 차를 흔들었다. 차 한 대쯤은 번쩍 들어 바다에 둘러메칠 수도 있는 기세였다.

탕 탕 탕, 그때 갑자기 고막을 때리는 총소리가 울렸다. 순사들이 주재소 지붕에서 시위대를 향해 위협 사격을 하고 있었다. 총소리에 놀라 시위대가 흩어지길 바랐겠지만, 그건 오산이었다.

"우리의 요구에 총칼로 대응하면 우린 죽음으로 대응한다!"

"죽음으로 대응한다!"

"우린 죽음도 두렵지 않다. 죄 없는 청년들을 당장 풀어줘라!"

"당장 풀어줘라!"

옥순이 삼촌의 목소리는 천 배로 불어 주재소를 뒤흔들었다.

도사를 호위하는 경관들이 칼을 빼 들고 시위대를 위협했다. 시퍼런 칼날이 머리 위에서 번쩍였지만, 누구 하나 물러서지 않았다. 오히려 그것은 시위대의 피를 끓게 했다. 칼을 뺏으려 달려든 시위대와 뺏기지 않으려고 안간힘을 쓰며 휘두르는 경관들이 서로 뒤엉켰다.

후드득, 영등의 저고리로 핏방울이 튀었다. 서로 어지럽게 얽힌 가운데 이마 위로 시뻘건 피가 흐르는 춘자 얼굴이 보였다. 그것을 보는 순간 영등은 피가 거꾸로 솟구쳤다. 영등은 단숨에 경관의 손에 든 칼을 빼앗았다.

경관과 해녀들의 싸움으로 아수라장이 된 사이, 도사는 주재소 안으로 혼비백산해 도망쳤다. 시위대는 주재소를 겹겹이 에워쌌다.

시위대는 목이 터져라, 노래를 부르고 구호를 외쳤다. 도사는 날이 저물도록 꿈쩍도 하지 않았다. 시위대 또한 담판을 짓기 전엔 추호도 물러설 생각이 없었다.

겨울 해는 일찍 기울었다. 집집이 지붕 위로 저녁연기가 피어올랐고, 새들이 둥지를 찾아 수선스레 날았다. 어느 때라면 곧 저녁상을 물리고 식구들이 한 이불에 몸을 욱여넣을 것이었다. 어른들은 막 시작되는 신구간에 집 손볼 궁리로 바쁠 테고, 아이들은 발장난을 치며 키득거리고 젖먹이는 시큼하니 젖 냄새를 풍기며 잠들 것이었다. 그러나 그들은 고요하고 평화로운 저녁 풍경을 저들에게 빼앗겼다.

우는 아기를 업은 이들이 여기저기서 고개를 빼고 젖어멍을 찾았다. 젖먹이가 있는 사람들은 네 애 내 애 가리지 않고 젖을 물렸다. 시위대는 집에서 나올 때 챙겨온 주먹밥이나 떡으로 허기를 겨우 달랬다. 그런데 그보다 참기 힘든 건 추위였다. 해가 넘어가면서 더 매서워진 바람이 옷 속으로 칼날처럼 파고들었다. 시위대는 인근에서 끓여온 숭늉을 마시고, 담요를 나눠 걸치면서 모진 하루를 버텼다. 처절한 삶은 때로 그것 자체로 힘이 되기도 했다.

이튿날, 동쪽 하늘에 피오줌 같은 아침놀이 강물처럼 흘렀다. 굴뚝마다 연기가 피어오를 무렵, 여러 대의 차량이 먼지를 일으키며 주재소 쪽으로 달려오고 있었다.

인간이라는 슬픈 이름

나는 고통을 전디기 힘들어그네 다시는 안 께여나민 좋으켄 싱각햇다. 겐디 내가 죽으민 동셍들만 웨로 남으난 이 자그려물곡 살아사주, 모지직하게 마음먹엇다.

좁은 방은 콩나물시루 같았다. 물벼락을 맞고 잡혀 온 해녀들의 몰골은 말이 아니었다. 옥순이 삼촌은 곤봉에 맞아 얼굴이 퉁퉁 부어 눈을 뜰 수조차 없었고, 입술이 깨져 피자두처럼 부풀어 올랐다. 춘자의 이마는 미간 사이로 칼에 길게 베여 콩꼬투리 벌어지듯이 살이 벌어졌다. 칼날이 더 깊이 들어가지 않은 게 천만다행이었다. 이마를 동여맨 옷고름은 피가 배어 자줏빛이 되었다. 춘자는 그 경황에도 싱거운 소리를 했다.

"내 이마에 불붙언? 왜 이리 화끈거리니? 내 이마에 불 좀 꺼주라."

연화도 춘자를 다치게 한 경관과 몸싸움을 벌이다 맞아 입술이 터지고 눈두덩이 시퍼렇게 멍들어 꼴이 말이 아니었다. 동료 해녀들의 비참한 모습에 영등은 목이 메었다. 처참한 몰골은 영등도 마찬가지였다. 구둣발에 짓밟혀 발등이 부풀어 오르고, 손목이 비틀리고, 온몸이 상처투성이였다. 옷고름도 다 뜯겨나가 치맛단을 찢어 겨우 가슴 앞자락을 여몄다.

시위대가 아침에 대열을 맞춰 구호를 외치고 있는데, 갑자기 주재소에서 호스로 시위대를 향해 물을 뿌려대기 시작했다. 생각지도 않은 봉변이었다. 바로 그때 주재소로 달려온 차에서 무장한 경찰들이 까맣게 뛰어내렸다. 시위를 진압하기 위해 목포에서 밤새 바다를 건너온 그들은 선두 대열의 옷이 젖은 해녀들을 마구잡이로 잡아 차에 실었다.

오늘은 돌려보내주겠지, 구치소에서 하루하루 기다린 지 벌써 십여 일이 지났다. 한 번에 두세 명씩 이름이 불려 끌려가면 사정없이 두들겨 맞아 만신창이가 되어 돌아왔다. 만삭인 춘자도 예외는 아니었다. 먹는 것이라곤 하루 한 번, 보리 알갱이나 좁쌀 몇 알 둥둥 뜨는 숭늉이 전부였다. 그나마 뜨끈하면 몸이라도 녹이련만, 차갑다 못해 얼음이 덜거덕거릴 때도 있었다. 바닥도 얼음장 같은 맨바닥이었다.

만삭의 춘자는 그예 탈이 나고 말았다. 몸을 웅크린 채 앓는 소리를 하며 자더니 몸이 불덩이처럼 뜨거웠다. 간수에게 담요랑 따뜻한 물을 부탁했지만, 돌아온 건 한 바가지 욕뿐이었다. 춘자를 위해 해줄 수 있는 게 아무것도 없었다. 춘자도 춘자지만 배 속 아기가 걱정이었다.

"나라 없는 백성 여기서 몇 죽어 나가도 눈 하나 꿈쩍하지 않을 거라. 나라 없으니 잘도 서럽주."

눈물을 훔치는 옥순이 삼촌의 저고리 앞섶이 젖어 들고 있었다. 먹는 게 부실한데도 때가 되면 꼬박꼬박 젖이 돌았다. 젖 자국이 달걀 크기만 해졌을 때, 삼촌이 갑자기 저고리를 들췄다.

"영등아, 여기에 손바닥 좀 대보라. 젖 아까운데 춘자라도 먹이게."

영등이 두 손을 오므려 삼촌의 젖무덤 아래 댔다. 누런 젖이 손바닥에 고였다. 영등이 춘자 입에 손을 대자 춘자는 입을 앙다물고 고개를 돌렸다.

"너 먹으라고 주는 거 아니다. 배 속 애기 먹이는 거주. 니가 먹어야 집에 있는 우리 애기도 순하게 뉘 젖동냥이라도 해서 살 거 아니?"

춘자는 그제야 입을 벌렸다. 춘자 눈에서 젖 방울 같은 눈물이 흘렀다.

옥순이 삼촌이 비장한 얼굴로 동료 해녀들을 둘러보며 말했다.

"내 말 잘 들읍서. 순사들이 물으면 우린 모르우다, 부옥순 대표가 시키는 대로 했수다, 그렇게 말합서. 그럼 나갈 수 있수다. 알았수꽈?"

영등도 어떻게 해서든 춘자를 내보내야겠다는 생각을 하던 참이었다. 춘자뿐이 아니었다. 젖먹이를 둔 사람, 배 속에 아기가 든 사람, 늙은 부모를 봉양해야 할 사람…… 다 집으로 돌아가야 할 사람들이었다.

"그렇게 합서게. 삼춘 말대로 대표들이……."

옥순이 삼촌이 영등의 말을 잘랐다.

"영등이, 너도 내가 시키는 대로 했다고 하라. 괜히 여러 사람 고생할 거 없다."

영등은 동생들을 생각하면 그렇게 해서라도 나가고 싶었다. 그러나 정작 나가야 할 사람은 누구보다 삼촌이었다. 당장 집으로 돌아가 젖먹이에게 젖을 물려야 할 사람이 아니던가.

모두 입을 다문 채 대답을 하지 않자 옥순이 삼촌이 목소리를 높였다.

"앞으로 안 싸울 거꽈? 이렇게 다 들어앉아 있으면 누가 싸울 거? 당장 내가 시키는 대로 합서. 다른 방에 있는 사람들도 만나면 내 말 꼭 전해줍서."

사람들은 그제야 고개를 끄덕였다.

구치소에 갇히고 보름쯤 뒤, 해녀 대표 셋만 남고 모두 풀려났다. 구치소는 하루가 멀게 잡혀 오는 청년들로 방이 모자랐다. 청년들에게 방을 내주고 셋은 잡동사니들을 쌓아놓는 창고 방으로 밀려났다. 영등은 뒷간으로 가면서 청년들이 갇힌 곳을 살폈다. 혹시 강오규 선생님이 보일까 싶어서였다. 창살 너머엔 포획당한 짐승들처럼 청년들이 빼곡했다.

맨 끝방을 지나는데 창살 가까이 강오규 선생님이 보였다. 영등은 자신의 몰골은 잊은 채, 몹시 상한 선생님 모습에 면도 날로 베는 것처럼 마음이 아팠다. 수염이 덥수룩한 선생님은 볼이 홀쭉했고 눈이 붉게 충혈돼 있었다. 선생님은 간수를 살피면서 영등에게 손짓했다. 영등이 창살 쪽으로 바짝 붙어 걷자 선생님은 담배처럼 도르르 말린 종이를 손에 쥐어주었다. 가슴이 미친 듯이 뛰었다. 영등은 저고리를 여미는 척하면서 종이를 치마 윗단 안으로 찔러넣었다.

-내가 시켰다 하라. 유일한 방책이다.

누런 종이엔 나무 꼬챙이에 피를 묻혀 쓴 듯한 글씨가 보였다. 흐릿한 글씨 위로 선생님의 흔들림 없는 눈빛이 겹쳐졌다. 갇힌 중에도 제자들을 걱정하는 선생님 모습에 영등은 가슴이 아렸다.

밖에서는 연일 시위가 계속되었다.

"해녀들을 석방하라! 청년들을 석방하라!"

시위가 한창인데 갑자기 날벼락 같은 소식이 들려왔다. 영춘이 구속자들을 석방하라는 시위에 앞장서다 잡혀 왔다는 것이었다. 영등은 심장이 덜컥 내려앉았다. 농업학교 마지막 학

년을 앞둔 영춘의 학업에 행여라도 지장이 있을까 겁이 났다.

영춘은 지난해 일 년을 휴학했다. 일본인 선생들이 학생들을 멸시한다면서 평소에 불만이 많던 터였다. 게다가 누이가 자기 때문에 고생한다는 생각에 마음 편치 않아 했다. 영등은 영춘이 휴학한 사실을 고모로부터 늦게야 전해 들었다. 영등은 학업을 다시 잇지 않으면 곡기를 끊겠다고 선언한 뒤 밥을 굶었다. 그리고 이듬해 학교에 다니기로 약속을 얻어낸 뒤에야 사흘 만에 다시 숟가락을 들었다.

영등은 집을 나올 때 영춘에게 허튼짓하지 말라고 단단히 당부하지 않은 게 한스러웠다. 영춘마저 잡혀가 겁에 질려 있을 동생들을 생각하니 가슴이 미어졌다.

다행히 영춘은 사흘 만에 구치소에서 풀려났다. 영등은 가슴을 쓸었다.

영등은 온몸에 끼치는 선득함에 놀라 깨어났다. 물에 든 거 같은데 테왁이랑 망사리가 보이지 않았다. 물숨을 먹은 걸까? 영등은 정신을 바싹 차렸다. 옷은 벗겨져 있었고 사방에 물이 흥건했다. 영등은 그제야 정신이 들었다. 고문을 받다가 정신을 잃은 영등에게 놈이 찬물을 끼얹은 것이었다.

영등은 사냥꾼에게 잡힌 짐승이었다. 놈은 아무렇게나 몸을 농락했고, 영등은 저항할 수 없었다. 옷을 벗긴 채 채찍으로 치고, 거꾸로 매달아 코에 물을 붓고, 각목을 다리 사이에 넣고 밟아 살을 짓이기고⋯⋯. 영등이 할 수 있는 것이라곤 비명을 지르다 까무러치는 것뿐이었다. 처음 물고문을 할 땐 바다에서 숨을 참듯이 잠깐 죽은 듯 숨을 참으면 되겠지, 했다. 그러나 그게 아니었다.

깨어나면 놈은 또 물었다.

"누가 시켰어? 야학 선생이지?"

"아무도 안 시켰수다. 우리 스스로 했수다."

같은 대답이 반복되었고, 다시 고문이 시작되었다. 영등의 몸에선 진물이 흘러나오고, 피가 흘러나오고, 오줌이 흘러나오고⋯⋯ 그리고 맨정신이라면 나오지 않아야 할 것이 비어져 나왔다. 내가 죽었구나, 죽어서 짐승으로 환생해 맹수한테 잡혔구나, 그런데 난 사슴일까, 토끼일까, 아니면 어부에게 잡힌 물고기일까? 물질하는 것도 아닌데 왜 이렇게 숨 쉬기가 힘든 걸까⋯⋯. 영등은 현실인지 꿈인지 도무지 분간되지 않았다. 동생들의 서러운 울음소리가 환청으로 들렸다. 정신 차려야지, 영등은 이를 악물었다.

놈이 다시 물었다.

"누가 시켰느냐? 야학 선생이냐? 바른대로 말하면 풀어주겠다."

"우리가 스스로 했수다. 선생님들은 아무 죄도 없수다. 까막눈인 우리에게 글 가르쳐준 거밖에 없수다."

고문은 또다시 시작되었다. 이름을 불기만 하면 집으로 보내주겠다며 놈이 얼굴을 들이대고 뱀의 혓바닥으로 유혹했다. 참을 수 없는 고통에 선생님 이름이 튀어나오려 할 때도 있었다. 선생님이 그렇게 하라 하지 않았느냐, 마음속에서 악마가 충동질했다. 나 자신이 비겁해지는 게 두렵다던 선생님의 말뜻을 조금은 알 것 같았다. 영등은 어금니를 깨물었다.

영등은 그루잠을 자면서 수없이 저승길을 헤맸다.

할망이 영등의 머리를 쓸어주면서 자장가를 불러주었다.

웡이자랑 웡이자랑 금자둥이 잠을 자라 은자둥이 잠을 자라…… 물위에 반달같이 고운 아기 물아래 옥돌같이 고운 아기…….

고래를 타고 노는, 이름이 같은 영등을 만났다. 영등은 영등에게 물었다.

- 어부들을 구해줄 때 외눈박이 거인들이 두렵지 않았어?
- 두려웠지.
- 모른 척했으면 그렇게 끔찍하게 당하지 않았을 텐데.
- 난 죄 없는 어부들을 지켜야 했으니까. 그들을 지키는 게 나를 지키는 거야. 지켜야 할 걸 지키지 못하면 나를 잃게 돼. 나를 잃은 삶은 죽은 삶이야.

영등은 말을 마친 뒤 고래를 타고 멀어졌다. 참 자유로워 보였다. 부러웠다.

강오규 선생님이 수척한 모습으로 서 있었다. 영등은 선생님에게 달려가 안겼다.

- 선생님, 무서워요.
- 나도 무섭다, 저놈들의 악독함과 광기가 무섭구나, 놈들이
  인간이라는 게 무섭구나.
- 제가 어둠을 벗어날 수 있을까요?
- 어둠은 한꺼번에 벗어지는 게 아니다, 안개를 헤치고 나가
  듯이 한 발 한 발 가다 보면 벗게 되지.
- 두려워요, 멈추고 싶어요.
- 알을 깨는 일은 두려운 일이지, 알을 깨지 않으면 새가 될
  수 없어······.

선생님은 또 알 이야기를 했다. 영등은 알에 싸인 채 껍질을 부수고 나오려 버둥거리다가 잠에서 깼다.

며칠이 지난 걸까? 날이 새면 똑같은 일이 반복되었고, 영등은 꿈속과 현실을 수없이 오갔다. 간수가 찬 바닥에 쓰러진 채 잠든 영등을 깨워 어디론가 데리고 갔다. 영등은 만신창이가 된 몸을 똑바로 가눌 수가 없어 간수에게 끌려가다시피 갔다.

"영등아!"

아방은 딸의 이름만 부르고는 말을 잇지 못했다. 영등이 모르는 사이 세월이 많이 흐른 걸까? 마흔을 앞둔 아방 얼굴은 몹시 초췌해져 늙어 보였다. 앙다문 아방의 입술이 연신 실룩였다. 입 안에 물고 있는 아방의 말들이 영등의 귀에 들렸다.

영등은 아방을 용서할 수 없었다. 영등의 마음속 거울을 산산조각 내버린 사람이었다. 동생들만 아니라면 용서가 그리 어렵지 않았을지도 몰랐다. 영춘의 아방에 대한 불신이 잘못된 거라는 걸 얼마나 보여주고 싶었던가. 아방이 딴살림 차린 사실을 영춘이 안다면 아방에 대한 원망과 분노가 더 커질 것이었다. 그래서 더욱 용서가 되지 않았다. 그런데 아방은 이미 스스로 죄의 대가를 치르고 있었다.

'사람은 누구나 자기 몫의 삶의 무게가 있어. 아방은 아방대로 지금 그걸 견뎌내고 있을 테고. 상처를 준 사람 가슴에도 똑같은 상처가 날 거라.'

강오규 선생님의 말뜻을 비로소 알 것 같았다.

영등은 갑자기 참한 여자가 끓여준 청국장이 먹고 싶었다.

"영등아, 아방이 너한테 큰 죄를 지었다. 난 아방 자격도 없어."

아방의 목소리가 떨렸다. 아방은 눈물을 흘리지 않았지만, 목울대는 울고 있었다. 아방은 떨리는 손으로 무릎 위에 놓인 보자기를 풀었다. 노란 냄비에는 전복죽이 들어 있었다. 아방이 영등의 손에 숟가락을 쥐어주었다. 퉁퉁 부은 손으로 죽을 떠 올리다가 그만 숟가락을 바닥에 떨어뜨렸다. 아방은 황급히 숟가락을 주워 옷에 닦은 뒤 죽을 떠먹이려 했다. 영등은 숟가락을 받아 직접 떠먹었다. 입 안이 헐어 보드라운 죽마저도 먹기 힘들었다. 착한 여자가 놀란 데 약 되라고 죽에 돼지 쓸개라도 넣은 걸까? 죽이 소태처럼 썼다. 영등은 두어 술 겨우 떠 넣은 뒤 숟가락을 내려놓았다.

울음을 삼키려 갖은 애를 쓰던 아방은 돌아서 눈물을 훔쳤다. 영등에게 아방은 멀리서 보기만 해도 든든한 한라산 같은 존재였다. 그런데 그도 흔들리는 인간이었다. 영등은 문득, 아방이 자신보다 더 고통스러울지도 모른다는 생각이 들었다.

"저 괜찮수다."

아방의 어깨가 들썩였다. 그토록 원망했지만 끝내 미워할 수 없던 사람이었다.

영등은 방으로 돌아왔다. 아방도 꿈속에서 본 걸까? 꿈이 아니라 현실이라 말해주듯이 입 안에 전복죽 향이 맴돌았다.

죽음 같은 고문은 계속되었고, 같은 질문과 대답이 도돌이표처럼 이어졌다. 저들은 집요하게 해녀들의 항쟁과 청년 조직을 연계시키려 했다.

"너한테 데모하라고 시킨 게 누군지 말해! 뒈지고 싶지 않으면 뒤에서 조종한 새끼 이름을 대라고, 이 쌍년아!"

영등은 세상에 그렇게 많은 욕이 있는 줄 몰랐다. 인간을 능멸하는 방법이 그렇게 여러 가지인 줄도 몰랐다. 머리털을 닭털 뽑듯이 다 뽑아버릴 수도 있었고, 눈 깜짝할 새 죽일 수도 있었고, 갈기갈기 찢어발길 수도 있었고, 사지육신 못 쓰게 병신을 만들 수도 있었고, 평생 감옥에서 썩게 할 수도 있었고, 여자구실을 못 하게 만들 수도 있었고…… 놈은 전지전능한 신이었다. 영등은 자신이 개돼지가 아니라 놈이랑 같은 인간이라는 게 너무도 슬펐다. 더 슬픈 건 그가 조선 사람이라는 것이었다.

아무리 고문해도 원하는 대답이 나오지 않자, 놈은 종이를 주면서 시위 때 요구한 조항을 모두 쓰라고 했다. 영등은 조목조목 아홉 개의 조항을 써 내려갔다. 대표들이 머리 맞대고 하나하나 피를 뽑듯이 뽑아낸 것이었다.

-일본 상인에게 독점상권 절대 반대
-미성년과 40세 이상 해녀조합비 면제
-병이나 기타로 바다에 들지 못한 자 조합비 면제
-출가증 무료 급여
……

영등은 '출가증 무료 급여'를 쓰는데 순덕과 새각시 삼촌의 얼굴이 떠올라 울컥했다. 영등의 제안으로 넣은 조항이었다.

육지 물질 가면 그곳 조합에 입어료를 내는데, 출가증을 받을 때도 이중으로 돈을 내는 건 말이 되지 않았다. 순덕은 이미 죽었고 새각시 삼촌은 섬으로 돌아오지 못했지만, 영등은 그렇게라도 마음의 빚을 갚고 싶었다.

대표들 셋이 내민 종이는 똑같았다. 누군가 만들어준 것이라면 불가능한 일이었다. 악몽처럼 영원히 되풀이될 것 같던 고문은 그제야 비로소 멈추었다. 그러나 다른 고문이 영등을 기다리고 있었다. 시간이 지나면 지날수록 그것은 점점 더 가혹해졌다.

찬 바닥에 누워도, 앉아 있어도 바다가 눈앞에 일렁거렸다. 살이 터지고 짓무르고 뼈마디가 뒤틀렸지만, 당장 물로 뛰어들고 싶어 몸이 달았다. 바다에 들면 두부처럼 으깨진 몸이 우무묵처럼 금방 탱글탱글해질 것 같았다. 돌고래가 되어 맘껏 바다를 누빌 수 있을 것 같았다. 온몸이 아파 잠을 못 이루다 까무룩 잠이 들면 영등은 바다에 들어 물질했다. 숨을 참고 허공으로 손을 허위허위 저으면서 소라와 전복을 땄다. 그리고 노래를 부르듯 숨비소리를 토해냈다. 바다에서 나와 테왁을 안고 숨을 토할 때마다 입술 사이에서 새어 나오는 숨비소리. 숨을 다한 새의 마지막 울음소리 같은 그것. 그러나 돌이켜보니 그것은 살아 있다는 소리였다. 세상이 다시 열리는 소리였다. 영등은 당장 바다에 뛰어들고 싶어 미칠 것 같았다. 그것은 고문과도 같았다.

숨을 참아야만 하는 바다. 그곳은 영등이 가장 편안하게 숨 쉴 수 있는 곳이었다. 영등에게 바다는 숨통이었다. 영등은 눈물 나도록 바다가 그리웠다.

영등의 바다도 영등과 함께 옥살이를 했다.

영춘의 졸업장

영춘이는 겉으로는 무뚝뚝해도 속정 맨도롱하니 잘도 지프다.
나안티 벨착벨착 용심 부리는 것도 누이 힘들까 부덴 걱정돼난
그러는 거 안다.

반년 만에 만난 동생들은 그사이 조금씩 성숙해져 사뭇 느
낌이 달랐다. 열여섯 살 영춘은 키가 훌쩍 큰 데다 코 밑이 거
뭇했다. 열네 살 영덕도 키가 제법 컸고 변성기가 와 조금 낯
설었지만, 눈만 마주쳐도 벌쭉벌쭉 웃는 것만은 여전했다. 열
세 살 영심은 겉모습은 별반 달라진 게 없는데 부쩍 철이 들어
예전 같지 않았다.

영덕이랑 영심은 올봄 나란히 보통학교를 졸업했다. 영등
이 시위하다 잡혀들어가는 바람에 영덕은 상급학교 진학도 하
지 못한 채 집에 있었다. 아방이 영덕이랑 영심을 부산으로 데

려가려 했지만 둘 다 울며불며 싫다 했다는 것이었다. 영등은 입을 뗀 적이 없지만, 어찌 알았는지 아이들도 아방이 딴살림 차린 것을 이미 알고 있었다.

영등은 영심이 해주는 밥을 먹었고, 영심이 머리도 빗겨주었다. 영심은 어느덧 커서 소견이 생겨 얼기빗에 한 움큼씩 달라붙는 머리카락을 몰래 숨겼다. 영등은 그것이 대견하면서도 서글펐다. 소견이 생겨나면 그만큼 가슴 아플 일이 많을 터였다.

사람들이 문지방이 닳도록 영등을 보러 왔다. 그들은 공동 물질로 돈을 마련해 약을 지어오고, 약값에 보태라며 손에 돈을 쥐여주었다. 그리고 돼지고기를 삶은 물에 모자반과 돼지고기를 넣어 몸국을 끓여 오고, 전복죽을 쑤어 오고, 달걀 꾸러미를 가져오고, 물고기를 잡아 왔다.

항쟁 뒤 다행히 여건이 많이 좋아졌다. 가장 큰 성과는 지정 상인이 독점 매수하던 게 공개 입찰로 바뀐 것이었다. 나이 든 해녀와 미성년자들의 해녀조합비도 면제되었다. 해녀들의 숨을 우롱한 상인을 입찰에서 배제시킨 것과 서기의 파면은 그야말로 통쾌한 일이었다. 사람들은 영등에게 고맙다고 했지만, 그들과 함께 이루어낸 일이었다. 찬 바다에서 끊어지기 직전까지 참아온 숨, 그 피눈물 섞인 숨값을 스스로 지켜낸 것이었다. 영등은 비로소 순덕에게 빚을 갚은 것 같아 마음이 조금 가붓해졌다. 순덕은 바다에 들 수 없지만, 순덕의 동생들이나

마 나아진 여건에서 물질할 수 있을 것이었다.

영등은 육지 물질 갔을 때처럼 동무들이랑 한 방에 나란히 누웠다.

춘자는 주재소에서 나가고 얼마 뒤 분만했는데, 아기가 젖 한 모금 빨지 못하고 죽었다고 했다.

"내가 반기지 않는 걸 애가 안 거주. 그러니 젖 한 번 안 빨고……."

밭뙈기라도 하나 장만한 뒤에 아기를 낳고 싶다고 입버릇처럼 말하던 춘자는 죽은 아기 얘기를 하면서 눈물을 흘렸다.

연화는 여기저기서 빗발치는 혼담을 모두 뿌리치고 봄에 부산을 다녀왔다고 했다. 여차하면 함께 살 각오까지 하고 찾아간 것이었는데 뽀마드는 이미 다른 여자와 함께 살고 있었다. 연화는 그때 생각을 하면 아직도 열불이 난다면서 푸르르했다.

"내가 열받아서, 가수 맨들어준댔으니 책임지고 레코드사 사장을 만나게 해달라고 했주게. 그랬더니 자기 사촌 형은 레코드사에 다니는 게 아니라, 전파사 수리공이라 하더라. 그 말에 눈이 확 뒤집혀서 가수 맨들어주겠다고 꼬셔서 겁탈했으니 지서에 고소하겠다고 소리소리 질렀주. 그랬더니 섬 가는 배 표 끊어주면서 무릎 꿇고 싹싹 빌더라. 으이구! 내가 그런 놈한테 속아 미친년 날뛰듯 했으니……."

영등이랑 춘자는 겁탈이라는 말에 놀라 서로를 바라보았다. 둘 다 처음 듣는 이야기였다. 연화는 부산에서 혼자 뽀마드를 만나러 갔을 때 이야기를 처음으로 털어놓았다. 그때 뽀마드가 온갖 달콤한 말로 연화를 유혹해 넘어갈 수밖에 없었다고 했다. 지난여름, 봉숭아 꽃물을 들일 때 연화가 유난히 울적해 보였던 연유를 알 것 같았다. 영등은 연화가 동무들에게조차 속 시원히 털어놓지 못하고 그동안 속앓이했을 걸 생각하니 콧등이 시큰했다. 영등은 미안하고 안쓰러운 마음에 연화를 안고 등을 토닥여주었다.

"올봄에 부산 갔다가 오는디, 심청이마냥 치마 뒤집어쓰고 확 바다에 뛰어들고 싶었다. 내가 그때 왜 안 죽은 줄 아니? 니들이랑 산호 가지 맹세한 거 생각하고 꾹 참은 거멘."

"그때 왜 속 시원하게 안 털어놔? 연화야, 그때 너 죽었으면 나도 따라 죽었을 거라게."

춘자는 연화를 부둥켜안고 울더니 영등을 돌아보며 말했다.

"영등아, 이 등신은 뽀마드가 다른 데로 가서 못 만나고 왔단 말을 곧이 들었다. 우리 셋이 당장 부산 가게. 가서 우리 연화 울린 그놈을 아작아작 작살 내고 오게."

"이젠 그딴 사내 미련 없다. 근데 콩쿠르에 나가 노래할 때 생각하면 지금도 가슴이 콩닥콩닥 뛴다게. 가수 돼서 사람들 많은 데서 노래하는 꿈 자주 꾸는디 꿈에서 깨면 잘도 허망하멘. 후우!"

연화는 가녀리게 한숨을 내뱉었다.

용두산이랑 불턱 잔치에서 노래 부르던 연화 모습이 영등의 눈에 선했다. 노래할 때의 연화는 완전히 다른 사람 같았다. 흐느적거리는 듯 가냘픈 몸엔 생기가 돌았고, 핏기 없는 얼굴엔 복숭앗빛 화색이 돌았다. 노래할 때 연화의 자태며 목소리는 사람을 홀렸다. 꿈에서 깼을 때 연화 기분이 어떨지 영등은 십분 짐작이 되었다. 형무소에 있을 때, 바다에서 물질하는 꿈을 꾸다 잠에서 깨면 얼마나 허탈했던가. 연화에게 노래는 영등에게 바다 같은 것일지도 몰랐다.

연화가 가슴속 이야기를 꺼내서일까? 아니면 마음속에서 아방이랑 조금은 화해를 해서일까? 영등은 문득 동무들에게 아방 이야기를 털어놓고 싶었다. 동무들을 속이는 것 같아 내내 찜찜했던 터였다.

"나도 니들한테 고백할 거 있어."

영등은 동무들에게 아방 이야기를 들려주었다. 참 이상했다. 남들이 알면 자신이 밑바닥으로 끝없이 추락할 것 같아 두려웠는데, 다 드러내고 나니 오히려 홀가분했다. 영등은 동무들에게 속을 열어 보이면서 비로소 자신의 상처가 아물고 있다는 걸 느꼈다. 상처에 딱지가 앉기 전에 누군가에게 열어 보인다는 건 쉽지 않은 일이었다.

"영등아, 혼자 얼마나 맘고생이 많안?"

춘자는 영등을 안고 울었다. 그러더니 갑자기 샐쭉하니 토라졌다.

"니들 참말로 못됐다. 산호 가지 들고 우정 맹세한 동무들

맞으멘? 난 니들한테 비밀이 없신디……. 아!"

춘자는 갑자기 무언가 생각난 듯 얼굴을 붉혔다.

"나도 고백할 거 하나 있주게. 지금은 내 서방이 됐지만, 나 개똥이 예전부터 좋아핸. 연화한테 맘 있는 거 알면서도 그게 내 맘대로 안 되더라. 연화야, 그래도 연화 니가 좋다고 했으면 절대 안 뺏엇신게. 내 말 믿으라."

"됐다. 난 예전에도 그렇고 지금도 개똥이, 아니 니 서방한테 손톱만큼도 맘 없으니 둘이 깨 쏟아지게 잘 살라."

연화가 고개를 흔들면서 손을 내저었다.

"이렇게 오랜만에 셋이 같이 있으니까 옛날 생각도 나고 잘도 좋다게. 우리, 검은 머리 파뿌리 될 때까지 같이 하게."

춘자는 감격에 겨운지 울먹이며 연화랑 영등을 차례로 안았다.

"후우!"

"후우!"

밥물 잦아들듯이 이야기가 잦아든 뒤, 영등의 양쪽에서 가늘게 한숨 내뿜는 소리가 들렸다.

영등의 입에서도 남모르게 한숨이 새어 나왔다. 자신은 옥에서 나왔지만, 이 년 형을 받은 강오규 선생님은 아직도 일 년 반을 남겨두고 있었다. 모진 고문으로 건강이 상하지 않았을까 걱정이었다. 선생님이 형을 마치고 돌아오면 예전처럼 야학을 계속할 수 있을까? 달밤에 춘자랑 연화랑 셋이서 눈밭처럼 환한 메밀꽃밭 사이를 지나던 모습이 꿈결처럼 아련했다. 그 시절이 너무도 그리워 눈물이 날 것 같았다. 두고두고 사무치게 그리울 풍경이었다.

동무들과 울다가 웃다가 하는 사이, 방문의 창호지가 희부윰하니 달처럼 떠올랐다.

바다는 쇠약해진 영등의 몸을 자꾸만 밀어냈다. 몇 번 자맥질하다 도로 나온 영등은 울컥했다. 바다는 어멍이었다. 어멍이 아직 몸이 부실한 딸을 한사코 밀어내는 것이었다.

가을을 지나면서 차츰 영등의 기력이 회복되었다. 새끼 거둬 먹이는 어미 새 같은 삼촌들의 보살핌 덕분이었다. 아방이 지어온 탕약도 보탬이 되었을 것이다.

영등은 다시 물질을 시작했다. 신기했다. 물에 드니 천근만근 무겁던 몸이 날아갈 듯 가벼웠다. 몸속의 독소가 다 빠져나가고, 막혔던 울혈이 풀리는 것 같았다. 무엇보다 숨통이 트였다.

"용왕님! 고맙수다양."

영등은 바다에 요왕지를 드렸다. 얼마나 그리던 바다이던가. 형무소에서 자다가도 물때가 되었다는 생각에 놀라 벌떡 일어나 테왁 망사리를 찾아 두리번거릴 때가 많았다. 그런 날은 가슴에서 바다가 출렁거려 다시 잠들지 못했다.

영영 끝나지 않을 것 같던 파란의 해가 이울고 새해가 밝았다.

아방은 신구간에 부산에서 섬으로 거처를 옮겼다. 고모의 주선으로 성안에 허름한 집을 얻어 옷 짓는 가게를 연 것이었다.

신구간 내내 바람이 미친 듯이 불었다. 섬을 통째로 날려 보낼 위세였다. 바람이 유난히 거센 날 아침, 영등은 물구덕을 등에 지고 물을 길으러 가다가 바람에 밀려 돌담에 부딪치며 쓰러졌다. 돌담의 돌이 둥글둥글해 그나마 다치지 않았고, 물 허벅도 다행히 구덕 안에서 무사했다. 출소한 뒤로 좀 나아지긴 했어도 아직 다리가 부실했고, 고문의 후유증이 여기저기 남아 몸이 온전치 않았다.

신구간이 지나자 바람은 언제 그랬냐는 듯이 잦아들었다.

"영등아, 이리 가까이 오라. 쯧쯧. 저 떠는 것 좀 보라. 옥살이에 몸 상해서 더 춥주."

빌레 삼촌이 불 위로 조짚을 한 줌 던지며 영등에게 손짓했다. 영등은 불 가까이 몸을 당겨 앉았다. 옥살이 뒤로 조금만 찬바람이 불어도 뼈마디가 욱신욱신 쑤시고 시렸다.

"얼마 있으면 영춘이 농업학교 졸업 아니? 영등이, 니가 뒷바라지하느라 고생 많안. 그래도 고생한 보람 잘도 있주."

빌레 삼촌이 영등의 몸에 두른 뚜데기를 바람이 들지 않게 다독여주며 말했다.

"맞아마씀."

"영등아, 떡 해서 잔치해라. 상급학교 졸업장 아무나 받는 거 아니주. 우리 마을 경사라."

옥순이 삼촌이 다리를 주무르며 말했다. 삼촌은 고문 후유증으로 다리가 저려 고생했다. 춘자가 삼촌 옆으로 가서는 제 다리가 아픈 양 울상을 지으며 다리를 주물렀다.

"삼춘, 알았수다양. 영춘이 졸업 기념으로 잔치할 거우다."

곧 영덕이랑 영심이도 아방이 데려가기로 해 마음이 허허롭고 시룽새룽하던 참이었다. 이참저참 떡이라도 할 생각이었다.

"그라라. 나도 닭 한 마리 잡아 갈 테니 잔치하게. 다들 영둥이네 잔치에 조금씩 보탭서."

옥순이 삼촌 말에 춘자가 제 일인 양 좋아하며 냉큼 대답했다.

"영둥아, 난 오메기떡 해갈 거."

저마다 달걀을 가져가겠다, 몸국을 끓여 가겠다, 닭을 잡겠다, 하나씩 보탰다.

삼월, 영춘의 졸업을 얼마 앞두고 학교에서 편지가 왔다. 졸업식을 알리는 공지라고 생각하니 가슴이 떨렸다. 편지를 연영둥은 다리에 힘이 풀려 털썩 주저앉았다. 부들부들 떨리는 손으로 편지를 다시 확인했다. 영춘의 퇴학 통지서였다. 순간 머리끝이 쭈뼛 섰다. 자신이 영춘의 앞길을 막았단 생각 때문이었다. 영둥이 구치소에 있을 때, 영춘이 시위에 나서지 않았던가. 그러나 다른 이유였다. 영춘이 학생들을 멸시하는 교사에 대한 반항으로 몇몇 학생과 함께 대대적으로 수업 거부를 주도한 것이 탈이었다.

학교는 민족의식이 있는 학생들을 살에 박힌 가시를 파내듯이 졸업 명단에서 빼버린 것이었다. 영춘은 학교에서 일본 선생들이 조선인 학생을 업신여긴다면서 늘 불만이었다. 모난 돌이 정 맞는 법, 영등은 영춘의 불같은 성미가 항상 조마조마했는데 결국 사달이 난 것이었다. 그리고 보니 짚이는 것이 있었다. 전날, 성안의 고모네 집에서 돌아온 영춘의 낯빛이 몹시 어두웠다. 영등은 일찍 밖으로 나간 영춘이 들어오는 대로 무슨 일이 있는지 물어보려던 참이었다.

영등은 어둑해진 길을 달렸다. 마음을 주체할 수 없을 때마다 영등의 몸은 바다로 향했다. 할망이랑 어멍이 그리워 견딜 수 없을 때도 그랬고, 아방을 만나고 온 뒤 마음이 심란할 때도 그랬다. 바다는 어느 땐 갈기갈기 발톱을 세우고 달려들었고, 또 어느 땐 혀로 핥듯이 부드럽게 다가오기도 했다. 사나우면 사나운 대로, 또 온화하면 온화한 대로 그것은 늘 위로가 되었다.

영등은 갯바위 위에 털썩 주저앉았다. 모진 고문을 당할 땐 고통스러웠지만 이렇게 맥이 빠지진 않았다. 그땐, 동생들을 지켜야 한다는 생각에 이를 악물고 버텨냈다. 영등은 영춘이 농업학교를 졸업하고 사범학교에 진학해 교편을 잡기를 바랐다. 야학강습소에서 학생들을 가르치는 강오규 선생님의 모습에 종종 영춘이 겹쳐지면서 가슴이 벅차오르곤 했다. 물질이 고달플 때도 그 생각을 하면 불끈불끈 힘이 솟았다. 그런데 졸업을 며칠 앞두고 날벼락 같은 소식을 들을 줄은 꿈에도 생각지 못했다. 아기가 세상에 나오자마자 죽었을 때 춘자 마음이 이랬을까? 가을 태풍에 농작물을 날려 알곡 하나 거두지 못했을 때 삼촌들 마음이 이랬을까? 영등은 울음이 복받쳤다. 파도가 하얀 거품을 물고 달려와 영등의 울음을 쓸어갔다.

얼마나 시간이 지났을까? 갯바위에서 일어나 발걸음을 떼려던 영등은 그대로 얼어붙었다. 저만치 갯바위에 검은 형체가 보이는가 싶더니 황급히 달아났다. 머리 위의 초승달이, 목표물을 향해 던져진 비수처럼 그림자를 뒤쫓았다. 그림자는 어둠 속으로 사라지고, 목표물을 놓치고 돌아온 초승달이 선득 영등의 가슴을 베었다.

영춘이 분명했다. 영등의 울음소리를 영춘이 들었을까? 영등의 가슴이 두방망이질 쳤다. 왜 미처 생각하지 못했을까? 누이에게 졸업장을 안기지 못한 영춘의 마음은 더 쓰라릴 거라는 걸. 영등은 뒤늦게 가슴을 쥐어뜯었다.

다음 날, 영춘은 쪽지 한 장을 남기고 집을 떠났다.

–누이야, 미안하다. 돈 벌러 육지 간다.

차라리 까막눈이었더라면……. 글자 하나하나가 가시가 되어 영등의 가슴에 박혔다. 영등은 문득 동네 사람들과 함께 잔치를 벌이기로 했던 게 떠올랐다. 그들에게 뭐라고 해야 할까.

시침 뚝 떼고 잔치를 해야 할까? 아니면……. 영등은 이런 와중에도 그따위를 걱정하는 자신이 역겨워 견딜 수 없었다. 문득 쇠꼬챙이 같은 물음 하나가 영등의 가슴을 후벼 팠다. 네가 정녕 받고 싶었던 건 영춘의 졸업장이 아니라 네 표창장이 아니었더냐? 머리끝이 쭈뼛 서면서 가슴이 서늘해졌다.

방문의 격자무늬 창호지 조각 하나하나가 영춘의 졸업장으로 보였다. 그 위로 먹물 배어들듯이 어둠이 스며들었다. 영춘은 어디에서 몸을 뉘고 있을까? 나쁜 일은 어디에 숨어 있다가 불현듯 나타나 발목을 잡아채는 걸까.

어둠이 짙어질수록 그 속에 정체 모를 것이 사방 도사리고 있는 것 같아 모골이 송연했다.

산호 가지 하나

댕글랑댕글랑 웃을 때 눈 갱기는 연화 얼골 눈에 삼삼하곡, 꾀꼬리추룩 곱닥한 목소리 귀에 쟁쟁하다. 족은 바람에도 이디저디 홍글랑홍글랑하는 메치 자꾸 감장돈다.

우수가 지난 섬은 온통 봄빛으로 출렁거렸다. 검은 돌담으로 둘러쳐진 밭마다 아지랑이가 피어오르면, 밭은 갓 쪄내 막 김이 피어오르는 떡시루 같았다.

다렌 바깥물질을 얼마 앞두고 강오규 선생님에게서 편지가 왔다. 봉투 위 선생님 글씨를 보니 영등은 안심이 되었다. 정갈한 글씨가 마치 선생님의 몸이 온전하다는 신호처럼 여겨져서였다.

영등은 아직도 고문받던 기억으로 고통스러웠다. 밤이면 꿈속에서 고문을 받아내느라 온몸이 축축하게 젖을 때가 많왔다. 선생님은 남자라서 더 모질게 당했을 터였다. 짐승 같은 인간이 선생님의 몸을 해했을 걸 생각하면 온몸이 아프고 으스스 한기가 돌았다. 선생님은 가끔 꿈에 참혹한 모습으로 나타났고, 그런 다음 날이면 종일 심란했다.

영등은 떨리는 손으로 편지 봉투를 열었다.

영등 전

처음 만났을 땐 소녀였지만 이제 스무 살.

어느덧 어엿한 성인이 되었으니 말을 높이오.

이곳 목포 형무소에 들어온 지 어언 일 년이 넘어, 지금쯤 섬에는 봄이 한창이겠소.

눈 덮인 한라산, 붉은 동백, 원시의 바람, 둥근 오름, 오름처럼 동글동글한 제주 말…… 섬의 모든 것이 그립소. 특히 눈만 들면 어디든 보이는 검은 돌담이 사무치게 그립소.

바람결에 석방 소식 전해 들었소. 그 여린 몸으로 모진 고문을 견뎌냈을 걸 생각하니, 가슴을 타고 눈물이 흐르오. 내 몸에 험한 것이 가해질 때마다 영등도 똑같이 당했을 거란 생각에 무척 고통스러웠소. 몸에 후유증은 없는지…….

영등을 처음 만났을 때가 생각나오. 야학에 나오란 말에 당장 먹고사는 게 캄캄하다면서 나를 쏘아보았소. 적의에 찬 그 눈빛을 아직도 잊을 수가 없소.

난 그때 생각했소. '자신을 지킬 줄 아는 사람이구나.' 공부에 대한 가슴속 열망을 애써 숨기고 있었지만, 내 눈엔 그것이 다 보였소.

이듬해 영등은 야학에 나왔고, 누구보다 공부에 열심이었소. 물꼬만 터주면 대견하게도 알아서 길을 찾아갔고, 이제 스스로 길을 내는 사람이 되었소.

부산에 다녀온 뒤 아방 때문에 힘들어하는 모습을 보면서 나는 마치 거울을 들여다보는 것 같았소. 그 마음속 고통이 어떠할지 너무도 잘 알기에 가슴이 몹시 아렸소. 가장 믿고 버팀목으로 의지했던 사람의 배신! 그것은 한 세계가 무너지는 충격이오.

내겐 네 살 위 형이 한 명 있소.

형……. 형이란 말만 떠올려도 가슴 아픈.

형은 내게 우상이었소. 나는 형의 모든 것을 닮고 싶었소. 형의 얼굴도, 목소리도, 걸음걸이도, 호탕한 웃음소리도, 심지어 눈썹 위의 점까지도. 어릴 땐 형처럼 안경을 쓰고 싶어 어떻게 하면 눈이 나빠질까 고심할 정도였소. 아무리 애써도 눈이 나빠지지 않는 내 정상적인 시력이 실로 원망스러웠소. 나는 형이 신던 신발을 신고, 형이 입던 옷을 입고, 형이 다닌 학교에 갔소.

방학이 되어 형이 경성에서 집으로 오면 온 집안이 환한 느낌이었소. 집에서 형의 냄새가 나는 것 같아 난 코를 벌름거리며 다녔소.

형의 모든 것이 좋았지만 철이 들면서부터 가장 좋아했던 건 형의 글들이었소. 형은 시와 산문을 모두 잘 써 학보는 물론 이런저런 잡지에도 글이 꽤 실렸소. 예리한 통찰과 감각으로 가슴을 휘젓는 시! 유려한 문장과 명쾌한 논리의 산문!

아! 난 형의 글들을 읽을 때면 가슴이 뛰었소. 그의 필력을 미치도록 닮고 싶어 질투가 날 정도였소.

형은 졸업 후 신문사에 들어가 글 쓰는 것을 업으로 삼았소. 그런데 언제부터였을까, 형이 쓰는 글들은 내게 크나큰 충격이었소.

방학 때면 형은 집으로 찾아오는 친구들과 함께 나라의 장래에 대해 근심하면서 열변을 토하곤 했소.

그런 형이, '조선의 미래는 일본에 있다'란 글을 쓰다니! 그것을 읽었을 때의 충격은 이루 말로 표현할 수 없소. 무엇이 형을 그렇게 만든 거였을까. 저들의 채찍이? 아니면 저들의 당근이? 그도 아니라면 정말 그게 조선을 위한 길이라고 믿었던 걸까?

형의 변절은 내게 세상의 빛이 꺼진 듯한 절망을 가져다주었소.

그 깊은 수렁에서 나를 구제해준 건 바로 야학생들이었소. 내가 그나마 숨을 쉴 수 있는 이유였소. 야학생들을 만나는 밤이 되어서야 비로소 환해지는 느낌이었소. 낮에 고된 물질로 피곤한 몸을 이끌고 야학에 나와 하루하루 눈빛이 달라지는 야학생들을 볼 때마다, 캄캄한 세상에 별이 뜨는 것 같았소. 학생들 하나하나가 나에겐 별이었고, 그중 영등은 유난히 밝게 빛나는 별이었소.

놈들에게 끌려가 그들이 내 몸에 견디기 힘든 고문을 가할 때

마다 그 고문보다 더 무섭고 두려운 건 나를 온전히 지키는 것이었
소. 놈들에게 내가 꺾일까 봐 몹시 두려웠소. 그래서 나를 믿고
의지하는 사람들에게 슬픔과 절망을 안겨줄까 봐.

형이 내게 그랬듯이.

지금은 이렇게 갇혀 있는 몸. 한없이 갑갑하고 마음이 무겁소.

영등, 야학을 쉬어도 독서를 게을리 마오. 독서를 통해 선각자
들이 낸 길을 따라갈 수 있소. 여자가 힘을 길러야 아이들을 이
나라의 동량으로 키워낼 수 있소.

영등! 어두침침한 야학강습소를 환히 비추던, 영등의 눈빛이
그립소.

보고 싶소.

부디 몸조심하고, 추후 다시 연락할 때까지 건강히 지내길 바
라오.

추신-『농민독본』이랑 『노동야학독본』을 인편에 보내오.

놈들이 계속 감시할 것이니 각별히 조심하고 함께 돌려 읽으오.

춘원의 소설 『무정』도 함께 보내오. 불태워버리려다 둔 책이오.

영등은 편지를 읽고 또 읽었다. 몇 번을 읽어도 가슴이 떨렸
다. 그리고 아팠다. 영등을 바라보는 눈빛 너머로 슬쩍슬쩍 어
리비치던 슬픈 그림자. 그것이 어디서 연유한 것인지 알 것 같
았다. 영등이 아방의 이야기를 털어놓았을 때 선생님은 자신

의 고통과 마주했을 것이다. 그때 영등을 바라보는 선생님의 눈빛은 새끼 몸의 상처를 혀로 핥는 어미의 그것 같았다. 돌이켜보니 비슷한 상처를 지닌 사람만이 가질 수 있는 것이었다. 선생님의 상처를 알고 나니 선생님이 성큼 가까워진 느낌이었다. 그동안은 자신과 같은 일은 절대로 겪지 않을 듯한 사람에게서 오는 거리감 같은 것이 있었다. 선생님의 몸에 배어 있는 부드러움과 다정함도 그것을 완전히 없애주지는 못했다.

선생님은 늘 영등에게 능력 이상의 믿음을 보여주었다. 그것은 어둠 속에서 이정표가 되어주었고, 영등은 그것에 닿으려 부단히 노력했다. 영등은 자신에게 보내주는 선생님의 한결같은 믿음의 근원이 궁금하곤 했다. 그런데 처음 만났을 때 적의에 가득 찬 눈빛에서 비롯되었다니 뜻밖이었다. 영등은 그때를 떠올리면 부끄러워 얼굴이 화끈 달아올랐다. 자신의 처지에 대한 화풀이를 애먼 사람에게 했기 때문이었다.

영등은 『무정』 상권의 표지를 넘겼다. 첫 장에 선생님이 펜으로 쓴 글씨가 보였다.

春園*, 그는 자신을 지키지 못한 사람이다.
나라와 민족의 반역자이기 전에 그는 자신을 배신한 반역자다.
글은 곧 그 사람의 영혼이다.

----

* 춘원. 소설가 이광수의 호.

춘원의 글은 죽었다.

춘원은 『무정』을 쓴 이광수의 별호인 듯했다. 그런데 무슨 말일까? 단 몇 줄에서 선생님의 깊은 실망감이 전해졌다. 그만큼 믿음도 컸으리라. 그도 선생님의 형처럼 조선의 미래는 일본에 있다는 글을 쓴 걸까?

영등은 밤이 깊도록 등잔불 아래서 책을 읽었다. 『무정』은 영등이 그동안 들어온 설문대 할망, 영등 할망, 감은장아기 같은 이야기들과는 사뭇 달랐다. 난생처음 읽는 소설 속의 낯선 세상은 영등의 마음을 사로잡았다.

꽁무니에서 불어오는 마파람에 배는 순순히 다롄을 향해 나아갔다. 처음 떠나는 나라 밖 물질이었다. 영등은 이제 봄만 되면 섬을 벗어나고 싶어 몸이 근질거렸다. 봄이면 회초리 같은 팽나무 가지에 어김없이 새순이 돋아나듯이. 더구나 이번엔 가슴속 헛헛함을 달랠 길이 없어 더했다. 영춘이 집을 떠난 데다가 영덕과 영심이마저 없는 집은 적막하기 그지없었다.

아방은 성안에 자리를 잡은 뒤 마치 혹을 떼어가듯이 영덕이랑 영심을 데려갔다. 영등이 옥에 있을 때 아방이 부산으로 가자 할 때는 한사코 싫다 했던 동생들은 이번엔 순순히 따랐다. 영덕은 어차피 성안의 상급학교로 진학해야 했고, 영심 또한 새어멍에게 옷 짓는 걸 배워보겠다고 했다. 어렸을 땐 영등처럼 상군 해녀가 되고 싶다던 영심은 순덕이 상어에게 죽었단 말을 들은 뒤로는 무섭다며 물에 들지 않았다. 차라리 잘된 일이었다. 영등은 영심이만큼은 자신이 당한 험한 것들을 겪게 하고 싶지 않았다. 영심이 자신과 똑같은 길을 걷는다는 상상만으로도 심장이 녹았다.

새어멍의 옷 짓는 솜씨가 좋아 가게를 열자마자 손님이 제법 있는 모양이었다. 아방이 서둘러 동생들을 데리고 간 것은, 영등이 나이 차도록 혼인하지 않는 이유가 동생들 때문이란 생각도 큰 듯했다. 아방은 영등에게도 물질을 그만두고 옷 짓는 일을 도우면서 혼처를 알아보라고 했지만, 영등은 아직 혼인할 마음이 없었다. 그리고 무엇보다 바다를 떠나 살 수 없었다. 영등에게 바다는 살갗과도 같았다.

동생들이 떠나던 날, 영등은 몸 안의 내장을 다 훑어내는 느낌이었다. 죽은 자에게 영혼이 있다면 이런 느낌일까? 동생들 없는 방에서 홀로 이부자리에 드는데 관 속으로 들어가 눕는 느낌이었다. 영등이 그토록 지키기 위해 애쓴 동생들. 그들이 곁을 떠나자 빈 껍데기만 남은 느낌이었다.

돌이켜보면 동생들이 영등을 지켜준 거나 다름없었다. 동생들이 아니었다면 그 모진 세월을 견뎌낼 수 있었을까. 영등은 제자들이 밤하늘의 별과도 같았다는 강오규 선생님 말의 의미를 알 것 같았다. 등대 또한 배들 덕분에 외롭지 않을 것이고, 새끼를 품은 어미 닭 또한 새끼들로 인해 품이 따스해질 터였다. 서로 기대고 그 존재들로 인해 바로 서는 것이지, 누군가를 지킨다는 것은 애당초 가당치도 않은 일이었다. 사실 영등이 아등바등 이 악물고 지키려 한 것은 자기 자신이었는지도 모른다. 자신에게 부끄럽지 않고 떳떳해지기 위한 싸움이었다. 그래야 동생들도 올바로 건사할 수 있을 것 같았다.

동생들이 없는 길고도 허허로운 밤을 영등은 일기로 달랬다. 그날그날의 일기뿐만 아니라, 잘 여문 콩꼬투리 속의 콩알들처럼 툭툭 튀어나오는 옛 시절의 일기를 썼다. 일기를 쓰는 동안 그리운 사람들이 영등의 곁을 오붓이 지켜주었다.

연화 얼굴엔 오랜만에 생기가 넘쳤다. 연화는 이번에 하마터면 함께 가지 못할 뻔했다. 입춘 무렵, 선주가 다롄으로 바깥물질 갈 해녀들을 모집한다며 마을에 왔다. 다부진 몸에 의지가 굳고 활달해 보이는 젊은 선주는 직접 바다로 찾아와 작업한 망사리를 보고 함께할 해녀를 뽑았다. 해산물 채취량이 많아야 선주 몫도 커지니 아예 상군으로만 고르려는 것이었다. 선주한테 선택받지 못한 연화의 눈엔 눈물이 대롱대롱 맺혔다. 연화는 뱃멀미로 배 타는 걸 힘들어하면서도, 그보다 섬의 갑갑한 생활을 더 못 견디었다. 더구나 동무들도 없는 섬에 혼자 덩그러니 남아 있는 건 상상조차 하기 싫을 터였다.

"봅서, 선주 삼춘! 얘 노래 실력이 윤심덕이 뺨쳐마씀. 윤심덕이 살았으면 얘 노래 듣고 코가 납작해졌을 거우다. 먼 길가는데 제대로 된 소리꾼 하난 있어야 할 거 아니짜? 그래야 노 저을 때 힘도 나고……."

영등도 춘자를 거들었다.

"얘가 그날그날 좀 들쑥날쑥해서 그렇지 물질이 영 시원찮은 건 아니우다."

선주는 연화의 노래를 청해 듣고는 흔쾌히 수락했다. 시원시원하니 앞뒤가 막힌 사람이 아니었다. 영등은 무엇보다 춘자랑 연화 사이에 있던 묘한 거리감이 씻긴 것 같아 기뻤다. 언제부터일까. 둘 사이엔 보이지 않는 막이 있는 느낌이었다. 영등은 그게 영 맘에 걸리던 터였다.

긴 항해였다. 일기가 좋으면 이레 안에 가는 곳인데, 섬을 떠난 지 열흘 만에 다롄에 도착했다. 한뱃잠수들은 모두 초주검이 되었고, 번갈아 노를 젓느라 아랫도리는 너덜너덜 닳아 속살이 다 보일 정도였다. 백령도 가까이 이르러 왜바람*이 부는 데다 물살이 세서 배가 방향을 잃고 표류한 탓이었다. 간신히 방향을 잡아 장산곶에 이르러 그곳에 배를 대고 일기가 좋아질 때까지 무작정 기다렸다. 사흘 만에 바람이 잦아들어 다시 항해를 시작했는데, 이번엔 종지 안의 기름처럼 바다가 잔잔해 한뱃잠수들은 교대로 팔이 부서져라, 노를 저어야 했다. 배의 운항은 바람과의 싸움이었다. 바람은 너무 과해도 탈이

* 일정한 방향이 없이 이리저리 함부로 부는 바람.

었고, 너무 없어도 안 되었다.

다롄엔 러시아와 일본에 차례로 지배당한 역사가 서로 다른 양식의 건물에 고스란히 새겨져 있었다.

"여기가 참말로 따리엔 맞니? 저승은 아니주?"

다 죽어가던 연화 얼굴에 반짝 생기가 돌았다.

"연화, 역마살 꼈다고 한 점쟁이 말이 잘도 맞주게. 낯선 땅에 오니 기운이 돈다."

영등은 춘자 말에 점쟁이가 했던 말이 떠올라 몸이 으쓸하니 추웠다.

지난해 가을걷이가 끝나갈 무렵, 앞 못 보는 점쟁이가 어린 딸과 함께 마을에 들었다. 보리쌀, 좁쌀, 말린 미역 등 형편대로 내놓는 걸 받고는 사주를 풀어주었는데, 점쟁이는 어쩌니 저쩌니 구구절절 설명 없이 송곳 같은 말로 사람을 압도했다. 그때 영등도 동무들과 함께 말린 미역을 들고 가 호기심에 점을 보았다. 점쟁이는 영등의 사주를 풀더니 절벽 위의 소나무로구나, 했다. 영등은 무슨 뜻인지 몰라 어리둥절했다. 그러자 점쟁이는 땅이 팍팍하고 비바람이 끊이지 않는 곳에 홀로 서 있지만 청정함을 잃지 않는 소나무 같은 사주라고 풀어주었다. 춘자에겐 츠츠츠 혀를 차더니, 찬 서리에 붉은 꽃이로다, 했다. 춘자는 찬 서리에 꽃이 붉으니 어려운 집에 시집와 살림을 일으킬 모양이라며 웃었다.

다롄은 안개 끼는 날이 많은 데다 물속도 흐릿해 앞이 잘 보이지 않았다. 그나마 다행인 건 전복이 많다는 것이었다. 섬의 것처럼 크진 않았지만, 뿌연 물속의 여를 더듬더듬 짚어 나가면 금방 양손이 찼다.

다롄 바다엔 전복뿐만 아니라 미역도 지천이었다. 그러나 그곳 사람들은 미역을 채취하지 않았다. 영등은 바다 가득 너울거리는 미역이 아까워 틈틈이 베어 장각*으로 말려두었다. 집으로 갈 때 가져갈 요량이었다.

섬을 떠나온 지 여섯 달이 훌쩍 지나갔다. 모두 벌이가 좋아 금의환향하는 한뱃잠수들은 선주로부터 대동강 뱃놀이까지 덤으로 얻었다. 가는 길에 평양 구경을 하고 가자는 연화의 청을 선주가 흔쾌히 승낙한 것이었다.

"우리네 해녀가 고달프긴 해도 좋은 것도 있주. 우리가 해녀 아녔으면 평생 섬에 박혀 평양 구경은 꿈도 못 꿨을 거 아니? 연화야, 기분 좋은디 노래나 한 자락 뽑아보라."

춘자가 연화에게 노래를 청했다. 연화랑 춘자는 예전처럼 작은 일로 토닥토닥했고, 또 언제 그랬냐는 듯이 깔깔거리며 웃었다. 영등은 그런 벗들의 모습에 마음이 놓였다. 섬으로 돌아가서도 둘 사이가 변함없기를 내심 바랐다.

연화의 노랫가락과 함께 배는 유유히 미끄러져 나갔다. 연화가 〈느영나영〉을 부르고 나자 선주가 한 소절을 따라 불렀다.

---

* 생미역을 밑줄기부터 잎까지 그대로 말린 것.

"배에 올라탈 땐 누이 동생 하더니 배에서 내려오니 서방 각시가 되노라."

'백록담 올라갈 땐 누이 동생 하더니 한라산 내려오니 서방 각시가 되노라'를 바꾼 것이었다.

"여태 장개도 못 들었신디 삼춘이라 하지 말고 오라방이라 부릅서."

선주는 싱글싱글 웃으면서 영등 쪽을 보며 말했다. 선주는 영등보다 두 살 많은 스물둘이었다. 섬의 남자들은 보통 여자들보다 서너 살 어린 열네댓 살이면 혼인하니 한참 늦은 나이였다. 선주는 영등이랑 눈이 마주치자 머리를 긁적이며 웃었다. 선한 눈이었다.

배는 한뱃잠수들의 부푼 가슴을 안고 평양으로 미끄러져 갔다.

모란봉의 을밀대, 청류벽 위의 부벽루, 낭창낭창 휘늘어진 버드나무 사이로 유유히 흐르는 대동강, 그 위에서 신선놀음 하듯 뱃놀이하는 사람들…… 넋이 빠질 만큼 풍광이 아름다웠다. 바다는 파도가 몰아치는 거친 곳이었고, 먹고살기 위해 뛰어들어 숨을 참아야 하는 곳이지만 강은 달랐다. 바다가 치열한 삶의 현장이라면 강은 쉼터 같았다. 바다가 힘차게 내닫는 말이라면 강은 졸음에 겨운 고양이였다. 강은 달이요, 봄바람이요, 유려한 노래였다.

영등은 꿈속 같은 대동강의 정취에 아련해졌다. 동생들이 품을 떠나서일까. 처음으로 자신만의 세상에 놓여 있는 느낌이었다. 오롯이 영등 자신만으로 존재하는 느낌은 낯설면서도 새로웠다. 쓸쓸한 듯하면서도 혼자만의 고독감. 비어 있는 것 같으면서 충만했고, 고요한 듯 술렁였고, 슬픈 듯하면서 아련한 행복이 깃든 느낌, 그 호젓함이 나쁘지 않았다.

영등은 문득 교실에서 공부하다가 급우들과 함께 뱃놀이를 온 것 같은 착각이 들었다. 강오규 선생님이 어느새 배에 올라 나직나직 소월의 〈진달래꽃〉을 읊어주었다. 모두 어디로 간 걸까? 배 안에 선생님과 영등, 단둘이 앉아 있었다. 선생님은 처음 만났을 때처럼 맑고 해사한 얼굴로 영등을 바라보며 미소지었다. 영등은 가슴이 두근거렸다. 영등은 한참 터무니없는 망상에 젖어 있다 소스라치게 놀라 혼자 얼굴을 붉혔다. 그러나 충견이 주인을 찾아 돌아오듯이 그것은 어느새 되살아났다.

한뱃잠수들 눈에 대동강의 정경이 생경한 것처럼, 그곳 사람들에게도 땅끝 섬에서 온 해녀들은 더없이 좋은 구경거리였다. 한뱃잠수들은 흥에 겨워 노래를 불렀다. 연화의 메기는소리에 한뱃잠수들의 받는소리로 이어지는 해녀 노래는 대동강에 색다른 맛을 보태주었다.

때마침 기생들의 놀잇배가 나란히 가게 되었고, 해녀와 기생들은 서로 주거니 받거니 노래를 불렀다. 해녀들이 일렁일렁 굽이치는 파도 같은 노래를 부르고 나면 기생들의 교교한 노래가 이어졌다. 마치 경연을 벌이는 듯한 그 모습은 가히 진풍경이었다. 해녀들이 기생의 노래 실력을 따라갈 순 없었지만, 거친 바다에서의 삶이 진하게 배어 있는 그들의 노래는 색다른 맛을 자아냈다.

"연화야, 기생들 노래 들어보니 별거 아니라게. 니가 평양 기생 콧대 한번 꺾어줘보라."

춘자는 연화를 은근히 부추겼다. 그러자 옆에서 한뱃잠수들도 거들었다.

연화는 〈오돌또기〉를 불렀다.

둥그대 당실 둥그대 당실
너도 당실 연자 머리로
달도 밝고 내가 머리로 갈꺼나
......

한라산 중허리에 실안개 든 숭 만 숭
서귀포 앞바당엔 해녀가 든 숭 만 숭
......

돌아진 뱅뱅 물든 섬에 물질허멍 살아도
에루화 님을 만나 둥그대 당실 좋구나

......

〈오돌또기〉는 그곳 사람들에겐 낯선 섬의 노래였다. 청아하면서도 구성진 연화 목소리는 뱃놀이하던 사람들의 넋을 쏙 빼놓았다. 분 바르고 고운 한복을 입지 않았을 뿐, 빼어난 노래 솜씨며 고운 자태며 기생들에게 조금도 빠지지 않았다. 연화는 배를 잘못 탄 듯 오히려 저들과 잘 어울렸다.

한바탕 신명 나는 노래 마당이 이어진 뒤, 한 풍류객이 이대로 헤어지기 아쉽다면서 한뱃잠수들을 요리점으로 초대했다. 한뱃잠수들은 얼결에 그가 이끄는 대로 모란봉 아래 최고급 요리점으로 갔다. 이층집으로 꾸며진 요리점은 잘 가꾸어진 마당이며 호화로운 실내며 여태껏 보지 못한 광경이었다. 그곳에 발을 들여 구경하는 것만으로도 분에 넘치는 호사인데, 산해진미로 배를 채웠으니 행운도 그런 행운이 없었다. 한뱃잠수들의 운은 그것으로 그치지 않았다. 말린 미역을 요리점에 좋은 값으로 모두 넘긴 것이었다.

미역만 넘기고 돌아왔다면 얼마나 좋았으랴! 그러면 평양에서의 추억은 산호 가지 벗들에게 두고두고 즐거운 얘깃거리로 남았을 것이었다. 그런데 그곳에 산호 가지 하나를 두고 와야 했다. 역마살이 꼈다는 점쟁이 말이 맞았던 걸까? 아니면 그 말이 연화의 운명을 그렇게 이끈 걸까? 연화의 노래를 들은 행수기생이 평양에 남으라며 잡자, 연화는 마치 그럴 작정을 하고 있었던 듯이 망설이지 않았다. 영등은 연화의 주저 없는 결단에 놀랐다. 늘 육지를 동경해온 연화지만, 그렇게 쉽게 결정을 내릴 줄은 몰랐다.

"바다는 내가 선택한 게 아니주게. 바닷가에서 태어나서 남들 다 하니까 물질한 거주. 근데 이건 내가 선택한 길이라. 영등아, 춘자야, 나 노래 부르면서 살고 싶다게."

눈물이 대롱거리는 연화의 눈은 생기로 가득했다. 뽀마드 사내가 연화를 가수로 만들어준다고 했을 때의 바로 그 눈빛이었다. 그 뒤로 다시 볼 수 없었던.

"나 때문이여. 내가 나쁜 년이라."

춘자는 배 안에서 어린애처럼 엉엉 울면서 같은 말을 반복했다. 선주를 적극적으로 설득해 연화를 다롄에 데리고 간 걸 탓하는 걸까, 아니면 기생이랑 노래 시합을 벌이도록 충동질한 걸 자책하는 걸까?

"그만 좀 울라. 영영 이별핸? 만 리 타국도 아닌디, 나중에 보면 되주."

춘자에게 퉁바리를 놓았지만, 울고 싶은 건 영등도 마찬가지였다. 우연이 겹치면 필연이 되는 걸까. 선주가 마을로 왔을 때부터 시작해 선주를 설득해 연화를 데려오고, 연화가 선주에게 대동강 뱃놀이를 졸라 한뱃잠수들이 평양의 요리점에 가기까지, 마치 누군가 미리 짜놓은 각본 같았다. 운명은 그렇게 아주 작은 끄나풀로부터 비롯되었다.

"영등아, 좋은 사람 만나 좀 웃으면서 살라."

헤어질 때, 연화가 눈물이 그렁그렁한 얼굴로 한 말이 영등의 귓가에 맴돌았다. 영등은 자꾸만 배 안을 두리번거렸다. 수질로 얼굴이 하얘진 연화가 어딘가 누워 있을 것만 같았다.

영등은 평양에서의 일이 꿈을 꾼 것 같았다. 한 치 앞을 알 수 없는 게 삶이었다. 옆에서 함께 물질하던 순덕이 순식간에 변을 당한 것처럼.

해화

새 족은눈*은 눈에 꼭 맞곡 흠집 하나 엇이난 물속이 맑게 벤다. 겐디 숨빌 때마다 눈물 흐르난 눈앞 흐려정 물건 안 벤다.

섬이 텅 비었다.

다롄에서 돌아온 다음 날, 옥순이 삼촌이 섬을 떠났다. 순사의 감시를 피해 순아와 아기를 데리고 사촌 언니가 있는 오사카로 간 것이었다. 영등에게도 감시가 따랐지만, 해녀회 연합회장을 맡은 삼촌에 대한 감시는 더 심했다. 순사는 삼촌을 수시로 주재소로 불러댔고, 하루의 일과를 보고케 했다. 삼촌은 순사의 상판대기 보기 싫다며 섬을 떴다. 마침 삼촌의 남편도

---

* 안경알이 작은 물안경.

동경에서 유학 중이었다. 삼촌은 영등을 보고 가려고 돌아올 때까지 기다린 것이었다.

배에 오르기 전, 옥순이 삼촌은 영등에게 나무라듯이 말했다.

"영등아, 너한테 너무 그리 야박스럽게 굴지 말라. 춘자마냥 솥뚜껑 날아가게 웃기도 하고, 펑펑 울기도 좀 해라. 그렇게 송장 싸매듯 꽁꽁 싸매고 살지 말고. 여기 돌담이 사나운 바람에도 끄떡없는 건 돌덩이가 단단해서가 아니라 숭숭 뚫린 구멍 때문이주. 그렇게 차돌멩이같이 안 굴어도 세상 다 살아진다."

피붙이를 걱정하는 듯한 삼촌의 말에 영등은 눈물이 왈칵 솟구쳤다. 영등에게 삼촌은 혈육 이상이었다. 영등에게 삼촌은 어멍이었고, 스승이었고, 벗이었다. 삼촌이 옆에 없었다면 해녀조합을 상대로 싸우는 일에 앞장서지 못했을 것이었다.

영등은 얼빠진 사람처럼 마루를 닦고 또 닦다 테왁 망사리를 둘러메고 집을 나섰다. 아직 물때가 되려면 한참 남았지만, 마음이 들썩거려 도무지 집에 있을 수 없었다.

춘자는 영등이 마당으로 들어서자마자 넋두리를 늘어놓았다.

"연화가 지 각시멘? 개똥이 요즘 날마다 술타령이라. 내가 그 속을 모르까? 그게 다 연화 때문이주. 연화가 그리 좋으면 장개를 들지 말든지, 장갤 들었으면 맘을 접든지……. 내가 연화를 따리엔에 데려가려고 왜 안달한 줄 아니? 같이 가고 싶은 맘도 있었주만, 고양이한테 생선 맡기고 가는 거마냥 맘이 안 놓여서 그런 거라게."

영등은 깜짝 놀랐다. 늘 낙천적인 데다 맺힌 데가 없어 어지간한 일엔 웃고 마는 춘자가 연화 때문에 이렇게 속을 끓일 줄은 몰랐다.

춘자는 영등이 옥살이할 때 있었던 이야기를 들려주었다.

"하루는 뱃일 나가 날이 어두워지도록 안 오는 거라. 그래서 갯가로 나갔신디 개똥이랑 연화랑 같이 있는 거 아니? 내가 다른 계집 같았으면 머리끄댕이 잡고 한바탕 싸웠을 거라. 그담부터 아침마다 부뚜막에 정한수 떠놓고 연화 육지로 시집가게 해달라고 빌었주게. 그래도 연화가 평양에 남는다고 했을 땐 하나도 안 반가웠다. 참말이라. 거짓말이면 내 손에 장을 지진다."

춘자는 누가 거짓말이라고 하기라도 한 듯 목소리를 높이다 갑자기 수굿해졌다.

"난 연화가 그런 생각을 할 줄은 꿈에도 몰랐다. 연화, 평양에 남은 거, 다 나 때문이라게. 연화가 저 없으면 서방이 맘잡고 살 거라고 했신게. 갯가에 둘이 있을 때도 개똥이더러 정신 차리고 나한테 잘해주라고 했다는디, 내가 나쁜 년이주게. 연화 맘이 그런 줄도 모르고……."

춘자는 눈물을 흘리면서 묵히고 삭인 이야기를 꺼냈다.

연화가 부산 사내에게 빠졌을 때, 춘자는 그가 썩 미덥지 못

하면서도 둘이 잘되길 바랐다고 했다. 영등은 갯동을 향한 춘자의 마음이 그 정도일 줄은 몰랐다. 제 것을 못 줘 안달하는 춘자도 정만큼은 맘대로 안 되는 모양이었다. 춘자가 그동안 맘고생을 했을 생각에 영등은 마음이 아릿했다.

"장개 들고도 맘 못 잡는 서방이 야속하고 밉다가도, 어느 땐 내가 둘 사이에 껴 훼방 놓은 거 같아 미안하다게. 내가 개 똥이랑 혼인하지 않았으면, 연화가 기생이 안 됐을지도 모르는디…… 영등아, 내가 정한수 떠놓고 맨날 빌어서 연화가 기생 된 거 아니? 난 죽으면 지옥으로 떨어질 거라게."

"됐다! 점쟁이도 연화한테 역마살 꼈다고 안 핸? 그게 다 지 팔자주게. 정한수 떠놓고 빈다고 다 이뤄지면 이 세상에 병들어 죽는 사람도 없고, 다 아들 낳고 천석꾼 부자 되주게."

"내가 빌어서 그런 게 아니카?"

영등의 말에 위안이 되는지 춘자 얼굴이 조금 펴졌다.

"그간 모은 돈으로 밭 한 뙈기 살 작정인디 땅이라도 사면 개똥이가 맘 잡으카? 나도 참말로 미친년이주. 서방이 연화한테 그렇게 목매는데도 이상하게 밉지가 않다."

춘자는 열없이 히죽 웃었다.

"춘자야, 넌 잘못한 거 없으니까 서방 맘 잘 붙들어 깨 볶으면서 살라게."

"연화도 똑같은 말 했신디…… 연화 잘도 보고 싶다. 노래 부르면서 살고 싶다는 원 이뤄 행복하카?"

춘자 눈에서 툼벙툼벙 눈물이 쏟아졌다.

영등도 연화가 보고 싶었다. 새초롬하다가도 노래할 때면 생글생글 얼굴에 웃음이 떠나지 않는 연화 얼굴이 눈에 어른 거렸다.

불턱엔 고만고만한 아기 해녀들이 모여 앉아 불을 쬐고 있었다. 영등이 춘자와 함께 불턱으로 들어서자 일시에 조용해졌다. 또 연화 이야기로 이러쿵저러쿵 입방아를 찧어댄 모양이었다.

"앞으로 연화 얘기 다신 하지 말라. 연화는 노래 따라간 거니, 떡시루에 시룻번 붙이듯이 없는 말 자꾸 붙이지 말라게."

영등의 말에 모두 자라목이 되었다.

연화 이야기는 마을 구석구석 돌아 이웃 마을까지 소문이 파다하게 퍼졌다. 돈 많은 영감이 연화의 기둥서방이 되었다는 둥, 고관대작의 첩이 되었다는 둥……. 떡은 돌리면 줄고 말은 돌리면 늘어 근거 없는 말들이 무성했다.

"바깥물질 가서 돈도 벌고, 평양 구경도 하고, 삼춘들 잘도 부럽수다."

요즘 바깥물질에 부쩍 관심을 보이는 태심의 눈엔 부러움이 가득했다. 열네 살 태심은 그 나이의 영등처럼 물질을 잘해 아기 상군 소리를 들었다.

"바깥물질 잘못 가면 전도금도 못 갚아서 못 돌아온단 얘기 안 핸? 바깥물질 가서 고생한 얘기 할라면 며칠 밤 꼴딱 새워야 하주게."

영등은 부러 찬물 끼얹는 말을 했다. 어린 해녀들이 행여 바깥물질에 대한 환상만 키울까 염려되어서였다.

"고생스러워도 삼춘들처럼 바깥물질 나가 돈 많이 벌고 싶어마씀."

태심은 물러서지 않았다.

태심은 물질에 욕심도 많고 암팡졌다. 한번은 물때가 아닌데 남몰래 물에 들었다가 삼춘들한테 호되게 야단맞고 벌로 며칠 물에 들지 못한 적도 있었다. 때가 되기 전에 물에서 나오는 거야 제 맘대로지만 물에 드는 것은 반드시 함께해야 했다. 그것은 엄중한 해녀 사회의 규율이었다.

"돈을 버는 것도 중하지만 잘 지켜야 한다. 도둑 중에 상 도둑이 누군지 아니? 그건 바로 집 안에 있는 도둑이멘. 돈은 그저 땅에 묻어야 안전하주."

춘자는 웃으면서 목소리를 높였다. 영등은 그런 춘자 모습에 콧등이 시큰했다. 춘자는 늘 그랬다. 얼굴만 보면 아무 시름도 없는 사람 같았다.

"삼춘들은 투쟁도 잘하고, 바깥물질 나가서 돈도 많이 벌고, 잘도 부러워마씀. 우리도 삼춘들 닮을 거우다."

태심의 말에 곁에 앉은 또래들도 고개를 끄덕였다. 머루알 같은 눈망울엔 삼춘들을 향한 동경이 가득 담겨 있었다. 영등은 그들을 보니, 갯가에서 동무들이랑 산호 가지 들고 우정을 맹세하던 때가 떠올랐다. 그리고 그 시절 한없이 우러러 보였던 옥순이 삼촌이 그리웠다.

횃대에 동저고리 넘어가듯 묵은해가 넘어가고 새해가 되었다.

영등의 나이 어느덧 스물하나. 아방은 영등에게 좋은 혼처가 났으니 혼인하라고 성화였다. 아방이 성안에서 잡화점을 하는 데다 밭도 좀 있는 사람을 물색해놓았다고 했다. '동촌 여자 서촌에 시집간다 하면 죽 젓개 들고 춤춘다'는 말까지 있는 마당에, 하물며 성안 사람이라니 좋은 혼처가 틀림없었다.

읍을 중심으로 동촌은 서촌에 비해 땅이 척박했다. 그러니 바다와 밭을 바삐 오가며 그악스럽게 살 수밖에 없는 동촌 여자들이 서촌으로 시집가길 바라는 건 당연한 일이었다. 영등이 살고 있는 하도리 또한 동촌이었다. 딸을 고된 물질에서 벗어나게 해주고 싶은 아방의 심정을 모르는 건 아니지만, 영등은 당장 혼인하고 싶은 마음이 없었다. 더구나 바다를 떠나고 싶은 생각은 추호도 없었다. 영등에게 바다는 밥줄 이상의 것이었다. 바다에 들지 못하는 날이면 몸에서 바닷물이 출렁거렸고, 귓가에선 파도 소리가 이명처럼 들렸다.

입춘 무렵, 형을 마친 강오규 선생님이 영등을 찾아왔다.

선생님은 영등의 손을 잡은 채 한동안 말이 없었다. 몰라보게 수척해진 선생님의 얼굴엔 전보다 더 짙은 그늘이 생겼다.

영등은 선생님의 눈에서 한 마리 처참한 짐승이 되었던 흔적을 읽었다. 가슴이 아렸다.

영등은 형무소에 갇혀 있을 때도 자신보다 선생님이 더 걱정되었다. 출소한 뒤에도 무시로 선생님이 떠올랐고 입에서 습관처럼 한숨이 새어 나왔다. 선생님을 향해 마음이 치달을 때마다 도리질 쳤지만, 감정은 이성보다 뜨거워 다시 밀고 올라왔다.

영등의 손을 잡은 선생님 손에 힘이 가해졌다. 갯바위로 거칠게 밀려오는 파도의 그림자 때문일까? 선생님의 눈빛이 조금 흔들리는 것 같았다. 실은 이번이 처음은 아니었다. 전에도 자신을 바라보는 선생님의 눈빛이 종종 흔들리는 걸 느꼈다. 그럴 때마다 영등은 가슴이 떨리면서도 허무맹랑한 망상에서 깨라며 자신을 책망하곤 했다. 그리고 동생들을 지켜내려 안간힘을 쓰는 제자에 대한 연민일 뿐이라고 수없이 되새겼다.

선생님은 무슨 말인가 하려다 말고는 말없이 바다만 바라보았다.

"곧 일본 간다."

한참 침묵이 흐른 뒤, 불쑥 던진 말에 영등은 가슴이 철렁 내려앉았다.

"부모님이 나 모르게 혼처를 정했. 마음에 없는 혼인을 하는 건 상대에게도 못 할 일이주. 놈들은 나를 감시하느라 눈이 빨갛고, 부모님은 혼인하라 성화고……. 나랑 같이 일본 가게."

영등은 잘못 들었나 귀를 의심했다.

"아방 오셨댄 말 들었어. 이젠 동생들 짐도 벗었으니 같이 일본 가서 공부하게."

영등에겐 선생님 말이 함께 달나라로 떠나자는 것만큼이나 아득히 먼 이야기로 들렸다.

"유학 자금은 내가 어떻게 마련해볼 테니 걱정 말라."

파도가 하얀 거품을 물고 백마처럼 기세 좋게 달려오다가는 고꾸라졌다. 영등의 가슴속 무수한 말들도 그랬다. 못 간다고 말하는 것조차 새삼스러웠다.

오래도록 둘 사이에 침묵이 흘렀다. 규칙적으로 들려오는 파도 소리랑 선생님 입에서 이따금 나오는 기침 소리만이 그 것을 깼다.

얼마나 시간이 흘렀을까? 선생님이 영등 쪽으로 몸을 틀었다. 그리고 손으로 영등의 양쪽 어깨를 움켜잡았다. 영등이 물숨을 먹었을 때, 집으로 찾아와 두 손을 꼭 잡아주던 손이었다. 자전거 뒤에 탔을 때 영등의 손을 잡아 허리에 얹어주던 손이었다. 일본 순사가 야학강습소로 찾아와 엄포를 놓을 때, 덜덜 떠는 영등의 어깨를 잡고 진정시켜주던 손이었다. 시도 때도 없이 그 감촉이 살아나 얼마나 당혹스러웠던가. 선생님의 손은 여전히 따스했고, 힘이 있었다.

"그동안 동생들 위해 살았으니 이제 니 삶을 살라. 누구도 니 삶을 대신할 순 없어. 넌 똑똑하니까 공부하면 큰 뜻을 펼

칠 수 있어."

선생님의 눈엔 입으로 하는 말 이상이 담겨져 있었다. 거역하기 힘든 눈빛이었다. 그 눈빛에 굴복당해 그러겠노라고 대답이 튀어나올 것만 같았다. 아니, 그러고 싶었다.

영등은 선생님과 함께 유학길에 오르는 모습을 상상해보았다. 둘이서 나란히 배의 갑판 위에 서서 멀어지는 섬을 보고, 어깨를 맞대고 기차에 앉아 있고, 함께 밥을 먹고……. 영등은 황망히 고개를 돌렸다. 마음속 영상이 얼굴에 그려져 있을 것만 같아서였다. 고삐 풀린 망아지처럼 날뛰는 마음에 얼굴이 달아올랐다.

"당장 답하기 어려울 테니 천천히 생각해보라. 사흘 뒤에 다시 올 때까지."

영등은 어릴 때부터 자신의 욕망을 누른 채 살아왔다. 그게 체화되어버린 걸까. 일본 유학, 그건 애당초 자신이 누릴 수 있는 호사가 아니었다. 하지만 이제 지켜야 할 동생들도 떠나고 없지 않은가. 선생님 말대로 이제 영등 자신의 삶을 살아도 되었다.

영등은 바다를 떠난 삶, 태왁과 망사리를 버린 삶을 그려보았다. 답이 명확해졌다.

"저도 이제 제 삶을 살 거우다."

선생님의 얼굴이 밝아지면서 눈이 빛났다.

"저는 바다를 떠나 살 수 없어마씀. 바다에서 물질하는 게 제 기쁨이고 보람이우다. 바다 없인 살 수 없어마씀."

영등은 정말이지 바다를 떠난 삶은 상상조차 할 수 없었다. 영등의 허파는 물고기의 그것과 같은 걸까. 이제 뭍에서보다 바다에 들어 숨을 쉬는 게 더 편하게 느껴질 정도였다.

선생님은 길게 한숨을 내뿜었다. 그늘진 선생님 얼굴을 보는 게 고통스러웠다. 영등은 말을 바꾸고 싶은 충동을 간신히 억눌렀다.

얼마 뒤, 선생님은 일본으로 떠났다.

칭다오 물질을 마치고 돌아왔을 때, 옥순이 삼촌이 보낸 편지가 기다리고 있었다. 여름에 보낸 것이었다. 사촌 언니가 다니는 공장에서 일하고 있다는 삼촌은 해녀나 노동자나 착취당하는 건 똑같다고 한탄했다. 삼촌은 조선에서 건너온 노동자들에게 틈틈이 한글을 가르친다고 했다. 종일 아이를 업고 일하는 노동자들이 너무 안타깝다며 회사에 탁아소를 만들 계획이라고도 했다. 아이를 업고 일하는 건 삼촌도 마찬가지였다. 회사에 협조를 호소하고 노동자들끼리 기금을 만들 거라고 했다.

옥순이 삼촌은 소설 『무정』에 나오는 신여성보다 몇 배 훌륭했다. 부산에서 신여성들을 보았을 때, 서양식 옷을 입고 머리를 짧게 잘라 멋을 낸 그들의 차림새처럼 생각도 고상하고 근사할 것 같았다. 그러나 소설을 읽으면서, 좋은 옷을 입고 공부를 많이 했다고 생각까지 고귀한 건 아니란 걸 알았다. 옥순이 삼촌은 남루한 옷을 입고 많이 배우진 못했지만, 그들보다 훨씬 거룩했다.

언제쯤 삼촌을 다시 볼 수 있을까? 영등은 삼촌이 몹시 그리웠다.

삼촌의 편지 끝엔 가슴 아픈 소식이 담겨 있었다. 강오규 선생님이 학교에서 반일 조직을 만들고 불온 인쇄물을 만들다 걸려 수감됐다는 것이었다. 호랑이 굴로 들어가 호랑이를 자극한 것이었다. 면회 가서 본 선생님 얼굴은 차마 볼 수 없을 정도로 수척했다고 했다.

편지를 받아본 뒤 영등은 마음을 걷잡을 수 없었다. 물속에서도 물건이 잘 보이지 않았다. 차라리 선생님 얼굴을 눈으로 보면 마음이 진정될 것 같았다. 직접 눈으로 보지 못하니 상상이 눈덩이처럼 불어 불안도, 두려움도 컸다. 선생님을 따라 유학을 가지 않은 게 후회스러울 정도였다.

영등을 기다리고 있는 것은 옥순이 삼촌의 편지 말고도 또 있었다. 영춘이 남기고 간 편지랑 은가락지. 편지엔 일본으로 가서 돈 벌어 호강시켜주겠노라고 쓰여 있었다. 영춘이 그토록 싫어하는 일본에 제 발로 갔다는 게 믿어지지 않았다. 영등은 영춘이 호랑이 굴을 찾아 들어간 듯 마음이 불안했다.

영등은 영춘이 보고 싶을 때마다 은가락지를 손으로 쓸고 또 쓸었다.

입동 무렵, 바다 건너 슬픈 소식이 들려왔다. 형무소에 있는 강오규 선생님의 건강이 좋지 않다는 것이었다.

일본 순사 앞에서도 눈 하나 깜짝하지 않던 선생님. 영등은 그때 선생님의 꼿꼿함이 두려웠다. 선생님은 불을 두려워하지 않고 뛰어드는 불나방 같았다. 영등은 선생님 앞에 똬리를 틀고 있는 위험을 본능적으로 직감했던 것인지도 모른다. 그래서 그때 그토록 몸이 떨렸던 것일까.

선생님의 책 속에 쓰여 있던 글귀가 새삼 무겁게 다가왔다. '春園, 그는 자신을 지키지 못한 사람이다.' 선생님은 끝내 자신을 지켜내기 위해 그 험난한 길을 걷고 있는 걸까?

구치소에서의 악몽이 날마다 되살아났다. 선생님이 당하고 있을 고문이 영등의 몸에 고스란히 느껴져 뼈마디가 시리고 아팠다. 영등은 선생님을 위해 할 수 있는 게 아무것도 없었다. 그때 함께 갔더라면 선생님을 위해 뭐라도 할 수 있을 텐데…… 부질없는 생각들이 영등의 시계를 자꾸만 거꾸로 돌렸다.

얼마 뒤, 선생님의 부모님이 일본에 간다는 소식이 들려왔다.

영등은 자신이 발견해 이름 붙인 감은장아기여로 갔다. 둥실하니 사람이랑 비슷한 형상으로, 배처럼 불룩 튀어나온 곳엔 깊게 벌어진 틈이 있었다. 그곳에 대접만 한 암전복이 그대로 달라붙어 있었다. 암전복은 숫전복보다 살이 더 연하고 영양이 좋았다. 혹시라도 선생님이 병보석으로 풀려나 돌아오면 따려고 보고도 따지 않고 아껴 둔 것이었다.

영등은 용왕 어멍에게 허락을 구한 뒤 전복을 땄다. 두고두고 전설처럼 회자될 만한 크기였다. 범상치 않은 크기의 전복엔 어쩐지 신령스러운 기운이 스며 있을 것만 같았다. 영등은 그것이 오롯이 선생님에게 가닿기를 바라고 또 바랐다.

영등은 전복 껍데기 안쪽으로 칼날을 깊숙이 넣었다. 칼날에 무언가 금속성 물질 같은 것이 닿는 게 느껴졌다. 약간의 씨름 끝에 겨우 살을 떼어낸 순간, 전복 살 속에 반질반질 동그란 게 보였다. 상앗빛 진주였다. 영등은 진주를 꺼내 행여 칼끝에 긁힌 자국이 없나 가슴 졸이며 살폈다. 흠집 하나 없이 맑고 영롱했다. 칼끝이 닿았지만, 그것은 진주의 고아함을 해하지 못했다. 놈들이 아무리 모진 고문을 가해도 선생님의 영혼만큼은 티끌만큼도 해할 수 없는 것처럼.

선생님의 부모님은 점잖은 분들이었다. 영등은 선생님의 제자라고 인사한 뒤 전복죽을 전했다. 고맙다면서 영등의 손을 잡는 어멍 눈엔 측량할 수 없는 슬픔이 담겨 있었다. 영등은 차마 그 눈을 오래 바라볼 수 없었다.

동짓날, 선생님은 가루가 되어 돌아왔다. 하도리에 늦은 첫눈이 내린 날이었다. 첫눈이라고 믿기지 않을 만큼 쏟아진 폭설로 섬이 온통 하얬다. 마치 섬 전체가 선생님의 무덤인 듯.

바다가 선생님의 눈빛처럼 따스하게 빛나던 날, 선생님의 몸은 유언대로 바다에 뿌려졌다.

그날, 선생님의 부모님이 인편으로 조그만 보퉁이를 보내왔다. 영등은 떨리는 손으로 보자기를 풀었다. 보자기 안엔 나무로 만든 작은 상자가 들어 있었다. 상자 뚜껑엔 '海花*'라는 글자와 함께 동백꽃이 새겨져 있었다. 영등은 손으로 글자와 동백꽃을 한참 어루만진 뒤 상자 뚜껑을 열었다. 그 안엔 물안경이 들어 있었다. 영등의 물안경 쇠테가 찌그러진 것을 언제 본 것일까. 참았던 눈물이 기어코 터져 나왔다.

영등은 물안경 아래에 접힌 종이를 떨리는 손으로 펼쳤다.

海花

머나먼 전설에서 태어난 너
이곳은 비정한 외눈박이섬
지켜야 할 생명이 있는 곳
하여 너는 다시 돌아왔구나
그 옛날 돌고래랑 놀던 바다
이제는 숨을 참아야 하는 곳
몸서리치도록 시린 바다
네 살갗에 불긋불긋 피어나는 꽃
너는 붉은 동백, 바다의 꽃!

---

* 해화.

다음 날 동트기 전, 영등은 바다로 갔다. 밤새 달빛이랑 별빛만 가득 쏟아져 내렸을 뿐 아무도 들지 않은 바다. 선생님이 잠든 곳으로.

영등은 바다로 들어 감은장아기여의 배꼽에 지를 깊숙이 밀어 넣었다. 하얀 무명천으로 정성껏 감싼 진주였다. 선생님을 위한 지 드림이었다. 섬사람들은 저승 갈 때 진주를 입에 물면 극락에 간다고 믿었다. 그러나 선생님의 몸은 산산이 부서져 그것을 물 입이 없었다.

영등은 물 위로 나와 참았던 울음을 쏟았다. 바다가 영등의 등을 가만히 쓸면서 울음을 받아주었다.

바다는 얼지 않는다

춘자가 내 에염에 이시난 고맙다. 보랑지곡 마슴 아픈 일 이서
도 꼴 성그리지 안 허고, 금방 웃으멍 여보록서보록 살아가는 춘
자가 하영 고맙다.

신구간이 지나고 쉬었던 물질이 시작되었다.

출산한 지 삼칠일이 지났지만 춘자의 몸엔 부기가 아직 그
대로고 얼굴이 푸석푸석했다. 춘자는 산후 독이 가시지 않아
숨 쉬는 것도 가빠져 힘들어했다.

"몸은 좀 어떠니?"

"영등이, 니가 호박에 잔대 넣고 고아준 거 먹고 많이 가벼
워졌주."

"너무 무리하지 말고 살살 좀 해라."

춘자는 몸 푼 지 사흘 만에 퉁퉁 부은 몸으로 물질을 나왔

다. 불턱에서 춘자의 사타구니 사이로 시뻘건 피가 줄줄 흘러내리던 모습을 잊을 수가 없었다.

"얼른 한 푼이라도 더 벌어야 땅 도로 찾을 거 아니?"

영등은 안타까운 마음에 한숨이 저절로 나왔다.

"괜찮다게. 남의 손으로 넘어간 밭이 아깝긴 해도 빚 갚았다 생각한다. 연화한테도 그렇고 서방한테도 그렇고, 그동안 빚진 사람마냥 맘이 편치 않았신디……. 밭이야 다시 돈 벌어 사면 되주."

"빚은 무슨 빚? 니가 남의 서방을 뺏기라도 핸? 아니면 도적질을 핸?"

영등은 아무 잘못도 없이 죄지은 사람처럼 구는 춘자에게 역정이 났다.

"그런 건 아니주만…… 그래도 영등이 너한테 혼쭐나고 나서 개똥이 정신이 좀 드는 거 같다게. 어젠 술 마시고 와서는 눈물 철철 흘리면서 나한테 미안하다고 하더라. 그래서 내가 뭐라고 한 줄 아니?"

"뭐라 핸?"

"앞으로 개똥같이 살지 말라고 했주게. 말똥은 말려 불에 때기라도 하주만, 마른 개똥은 발로 찰 일밖에 없다고. 하하하하!"

춘자는 속없는 사람처럼 깔깔 웃었다. 영등은 어이가 없어 헛웃음이 나왔다.

지난가을, 갯동은 춘자가 어렵게 산 밭을 노름으로 홀라당 날려버렸다. 연화가 그리워서인지 맨날 술타령이더니 노름까지 손을 댄 것이었다. 춘자의 숨으로 산 살점 같은 밭이었다. 그 밭을 사기 위해 참은 춘자의 숨을 모으면 조밭에 일렁일렁 파도가 일 것이고, 춘자 손으로 캔 소라며 전복을 쏟아부으면 오름이 생겨날 것이었다. 그 밭을 지날 때마다, 영등은 제 손으로 밭을 사고 좋아하던 춘자 얼굴이 눈에 선해 마음이 아렸다. 오며 가며 젖먹이 돌보듯 씨 뿌려 가꿔놓은 밭이 추수도 못 한 채 남의 손으로 넘어갔을 때 춘자 속은 오죽했을까? 땅을 홀라당 날려 먹고, 춘자의 해산이 다가오는데도 갯동은 정신을 차리지 못했다.

그날 일을 생각하면 영등은 지금도 피가 거꾸로 솟는 느낌이었다. 강오규 선생님이 바다로 든 뒤, 영등은 저물녘이면 바다로 갔다. 집에 있으면 무덤 속에 있는 듯 갑갑한데 바다에 가면 숨이 좀 트였고 가슴속 허허로움이 조금이나마 가셨다. 춘자가 몸풀기 얼마 전, 그날도 갯바위에 앉아 하염없이 바다를 바라보고 있었다. 파도가 쉬지 않고 밀려와 하얗게 부서졌다. 바다가 선생님의 유해를 거두어 영등에게 데려다주는 것만 같았다.

영등이 반쯤 넋이 빠져 파도를 보고 있을 때였다. 누군가 꺼이꺼이 울면서 바다로 들어가고 있었다. 갯동이었다. 갯동의 아랫도리를 삼킨 바다는 점점 가슴을 노렸다. 영등은 바다로 뛰어들어 갯동의 뒷덜미를 잡아채 갯가로 끌고 나왔다. 설문대 할망 같은 힘이 어디서 나왔는지 몰랐다.

"이 짐승만도 못한 인사야, 그렇게 죽고 싶으면 고이 목을 매달든지, 칼로 목을 따라. 정한 바다 더럽혀 용왕 어멍 노하게 하지 말고. 너 같은 인사 목숨 던지라고 있는 바다 아니다!"

영등은 고무신을 벗어 갯바위에 널브러져 있는 갯동의 몸을 사정없이 내갈겼다. 밭이 남의 손으로 넘어갔을 때, 밭에 주저 앉아 죽은 아들 불알 만지듯 조 이삭을 손으로 쓸면서 울던 춘자 얼굴이 떠오르며 눈물이 왈칵 쏟아졌다.

한참 뒤 영등이 제풀에 지쳐 주저앉아 있는데 갯동이 일어나 앉았다.

"한 번만 더 춘자 눈에서 눈물 빼면 그땐 내 손에 죽을 줄 알라."

영등은 갯동을 노려보면서 죽창을 찌르듯 소리쳤다.

"내 맘인데도 내 맘대로 안 된다. 맘이 항아리 같으면 번쩍 들어 쏟아버리고 싶다. 내가 죽으면 다 끝날 거 아니?"

갯동은 어깨를 들썩이며 울었다.

처음으로 갯동이 측은하다는 생각이 들었다. 영등은 마음이 조금 누그러져 불쌍한 춘자랑 배 속 아기 생각해서라도 제발 정신 차리라며 갯동을 달랬다.

영등이 지난 일을 떠올리고 있는데, 춘자가 옆구리를 치면서 밝게 웃었다.

"영등아, 애기 이름 지었신게."

"뭐라 지언?"

영등은 반가운 마음에 물었다.

"영화, 어떠니?"

"영화, 영화, 이름이 꽃처럼 환하니 잘도 곱다."

"영등이 니 이름이랑 연화 이름 한 자썩 딴 거주게."

벗들에 대한 춘자의 애틋한 마음이 물씬 느껴졌다. 코에 물이 들어간 것처럼 매웠다.

"영등아, 난 영화 아방이 불쌍하단 생각이 든다게. 얼마나 맘이 괴로우면 죽을 생각까지 했겠니? 영화 아방이 연화 좋아하는 거 알면서도 족두리 썼으니께 날 울리는 건 괜찮주만, 우리 영화 울리면 안 참을 거라. 양춘자는 안 무서워도 영화 어멍은 잘도 무섭주게."

춘자는 얼굴을 험상궂게 일그러뜨려 보이고는 깔깔 웃었다.

영등은 그 난리를 겪고도 아무 일 없는 듯 웃는 춘자가 눈물 나게 고마웠다. 웃는 춘자 얼굴 위로 옥순이 삼촌의 얼굴이 포개졌다. 삼촌도 지금쯤 다시 웃고 있을까? 그러면 얼마나 좋을까?

얼마 전, 옥순이 삼촌에게서 편지가 왔다. 한동안 소식이 뜸해 궁금하던 차였다. 삼촌은 제주 바다가 너무도 그립다면서, 그곳에 들어가 펑펑 울고 나면 막힌 억장이 풀릴 것 같다고 했다. 편지를 읽으면서 영등도 삼촌처럼 가슴이 무너져 내렸다.

영등은 할 수만 있다면 제주 바다를 번쩍 들어 삼촌한테 가져다주고 싶었다.

지난가을, 동경에서 유학 중인 남편이 옥순이 삼촌을 찾아왔다. 같은 일본에 있으면서도 그때 처음 얼굴을 본 것이었다. 삼촌이 공부 뒷바라지하는 걸 그토록 자랑스러워하던 남편은 이혼 서류를 내밀며 도장을 찍어달라고 했다. 삼촌은 남이 죽도록 고생해서 쑤어놓은 죽을 날름 솥째 먹으려면 상판대기라도 보여주어야 할 것 아니냐 했고, 얼마 뒤 남편은 여자를 데리고 다시 왔다. 머리를 짧게 자른 신여성은 배가 남산만큼 불러 있었다. 삼촌은 얼굴색 하나 변하지 않고 순순히 도장을 찍어주었다. 부부로서의 연은 끝났지만, 부모 자식의 연은 칼로도 끊을 수 없으니 애들한테 부끄럽지 않게 똑바로 살라는 말과 함께. 아홉 살, 순아는 여자가 사 온 자줏빛 공단 원피스를 어린 제가 뭘 안다고 끝내 입지 않았다. 이혼 도장을 찍으면서도 눈 하나 꿈쩍 않은 삼촌은, 잠든 순아를 보며 한참 울었다고 했다.

옥순이 삼촌의 편지 끝에 짧게 영춘의 기별이 있었다. 삼촌에게 편지로 영춘의 소식을 수소문해달라고 부탁했던 터였다. 일본에서 영춘을 보았다는 사람의 말에 의하면, 영춘은 낮엔 고철 수집을 하고 밤엔 대장간에서 일하고, 밤낮을 가리지 않고 일한다고 했다. 기필코 일본인 위에 서고야 말겠다면서 눈에 불을 켜고 다닌다는 것이었다. 영등은 영춘이 집을 떠난 뒤 끼니때마다 밥그릇에 영춘의 밥을 퍼 두었다. 그래야 객지에서 밥을 굶지 않을 것 같아서였다. 영등은 행여 영춘에게 손톱만큼이라도 해가 미칠까 질그릇을 다룰 때도 조심했고, 발끝에 돌멩이 차이는 것마저 꺼릴 정도로 매사 몸가짐을 조신히 하고 께름칙한 것을 삼갔다.

영등은 바다에 들었다. 옥순이 삼촌이 그토록 그리워하는 바다에.

한낮이 지나면서 물속이 점점 흐려졌다. 그래도 여를 손으로 더듬으면 주먹만 한 소라가 제법 손에 집혔다. 물이 들려면 아직 한참 남았지만, 마음이 바빴다. 하늘이 시시각각 변하고 있었기 때문이었다.

망사리가 제법 빵빵해졌을 즘, 빌레 삼촌이 물마루 쪽 하늘을 가리켰다.

"빨리 나가라. 구름 뒤엉키는 거 보니 맞절 칠 거주."

하늘엔 전운이 일듯 먹구름이 어지럽게 뒤엉키고 있었다. 서둘러야 했다. 물이 물마루 쪽으로 빠지고 있는데 바람은 거꾸로 그쪽에서 불어오고 있었다. 곧 물결이랑 바람이 서로 맞부딪혀 파도가 높아질 것이었다. 맞절이 이는 것이다. 바다에서는 하늘의 구름이나 바닷속 상태를 살펴 일기를 미리 읽을 수 있어야 했다. 그렇지 않으면 순식간에 맹수로 변하는 바다에 변을 당할 수밖에 없었다.

영등은 가까이 있는 춘자랑 태심에게 소리쳤다.

"빨리 나가라. 맞절 친다."

썰물에 조금씩 밀려와 갯가는 생각보다 멀었다.

바람은 기다려주지 않았다. 이내 맞절이 치기 시작했다. 밀려가던 파도가 산처럼 일어서며 몸을 때렸다. 곤두박질친 몸을 일으키고 겨우 정신을 차리면 다시 둘러메 엎었다.

"한데 모이라."

빌레 삼촌의 목소리가 우레 같은 파도 소리를 뚫었다. 영등은 겨우 정신을 차린 뒤 둘러보았다. 빌레 삼촌이랑 춘자, 태심, 모두 그리 멀지 않은 곳에 흩어져 있었다.

무서운 기세로 몰아치는 맞절이랑 수없이 싸운 뒤에야 겨우 모일 수 있었다.

"춘자야, 괜찮니?"

"괜찮다게."

춘자 얼굴의 부기는 더 심해졌고, 살엔 불긋불긋 반점이 돋아났다.

바람은 점점 거세졌다. 파도도 갈수록 사나워져 사정없이 몸을 내동댕이쳤다. 몸과 함께 물 위로 솟은 망사리가 영등의 몸을 때렸다. 정신이 아뜩해졌다. 바윗덩이 같은 망사리는 파도와 싸우는 데 있어 무기나 다름없었다. 망사리에 몸이 눌려 물위로 나오지 못할 뻔한 적도 여러 번이었다. 그러나 망사리에 깔려 죽을지언정 그것을 버릴 수는 없었다. 망사리 안에 든 소라는 영등의 숨이었다. 어떤 경우에도 숨을 버릴 수는 없었다.

"꼭 붙어라. 떨어지면 위험하다."

빌레 삼촌 말은 파도 소리에 흩어졌지만, 다들 용케 알아들었다.

"절 피하지 말고 넘으라. 그래야 힘 덜 빠지니……."

나이만큼 산전수전 다 겪은 빌레 삼촌은 의연했다.

영등은 두 눈을 부릅뜨고 몰려오는 파도를 마주했다. 거친 파도를 넘는 건 쉽지 않았다. 그래도 메어꽂는 대로 몸을 맡길 때보다 힘이 덜 빠졌다. 파도 하나를 겨우 넘으면 숨 돌릴 새도 없이 또 다른 파도가 밀려왔다. 계속 넘다 보니 차츰 요령이 생겨났다.

몸은 점점 뭍에서 멀어졌다. 혹시 하는 마음에 배를 찾아보았다. 그러나 배를 띄울 수 있는 파도가 아니었다. 해가 질 때까지 버티며 저녁뜸을 기다리는 수밖에 없었다. 어두워져 바닷바람이 육지 바람으로 바뀌기 전, 바람은 잠시 잠잠해질 것이다. 자지러지게 울던 아기가 기세를 모아 다시 울기 전 잠깐 울음을 멈추듯이. 그 무렵이면 미세기*도 바뀌어 물이 뭍 쪽으로 들 것이다. 그때까지 죽을 힘을 다해 버텨야 했다.

파도랑 싸운 지 얼마나 지났을까? 모두 기진맥진해 거의 탈진했다. 체온이 점점 떨어지면서 정신이 아득해졌다.

"정신 똑바로들 차리라."

---

* 밀물과 썰물을 아울러 이르는 말.

빌레 삼촌은 패색이 짙은 전장에서 부하들을 진두지휘하는 장수 같았다.

"춘자야, 괜찮니?"

영등은 기진해 목소리가 겨우 나왔다.

"너도 조심하라게."

춘자는 고개를 끄덕이면서 도리어 영등을 걱정했다. 자신처럼 골격이 튼실하지 못한 데다 옥살이로 몸이 쇠잔해진 동무가 염려돼서일 것이다. 영등은 울컥했다.

영등은 흐려지는 정신을 붙잡으며 태심을 살폈다. 열여섯 살, 태심의 눈엔 두려움이 가득했다.

"태심아, 괜찮니?"

"살에 얼음 박히는 거 같수다. 바다가 얼었나……."

"정신 똑바로 차리라. 바다는 얼지 않는다."

영등은 태심에게 일침을 가했다. 그것은 자신을 향해 던지는 것이기도 했다. 그동안 바다에서, 바다 밖에서 자신에게 닥쳤던 시련들이 주마등처럼 스쳐 지나갔다. 다시는 일어서지 못할 것 같은 순간들도 많았다. 그러나 그때마다 마음을 다잡고 일어서면 다시 길이 생겨났다. 바다는 얼음처럼 차가울지언정 얼지 않았다. 어는 건 바다가 아니라 자신이었다.

"소라 까먹게. 기운 떨어지면 안 되니."

빌레 삼촌이 망사리에서 어렵게 소라를 꺼내 내밀었다.

왜 진작 그 생각을 못 했을까? 그러나 거센 파도 속에서 기력 없는 몸으로 소라를 까는 건 쉽지 않았다. 영등은 빗창으로 소라를 겨우 하나 까서 춘자 입에 넣어주었다. 춘자는 눈도 못 뜬 채 테왁에 의지해 겨우 버티고 있었다. 춘자는 소라를 씹는 것도 힘에 겨워 보였다. 영등은 춘자 입에 하나 더 넣어준 뒤에야 제 입에 넣었다. 생명수를 마신 듯 반짝 새 정신이 났다.

어둠이 짙어지면서 바람이 잦아들었다. 저녁뜸이 온 것이다. 기세 좋게 덤벼들던 파도는 이내 잠잠해졌다. 미세기가 썰물에서 밀물로 바뀌었다. 그러나 어두워져 어느 쪽이 뭍인지 도무지 분간이 가지 않았다. 설사 방향을 안다 해도 기력이 다해 몸을 움직일 수도 없었다. 그저 배가 오기만을 기다리며 버티는 수밖에 없었다.

영등은 자꾸 눈이 감겼다.

"정신 놓지 말라."

빌레 삼촌이 갈라지는 목소리로 말했다.

"영등아!"

"춘자야!"

"태심아!"

"삼춘!"

꺼져가는 목소리로 이따금 서로의 이름을 불렀다. 아직 살아 있음을 서로 목소리로 확인했다.

"설룬어멍 날 설아올 적……."

백전노장 빌레 삼촌이 노래를 시작했다. 정신 줄을 놓지 않으려는 것이었다.

"절굽마다 날 울렴신고……."

"저 산천에 푸른 잎샌……."

영등과 태심이 이어 불렀다.

"……우리야 인생…… 한 번 가면……."

춘자 목소리가 가물거렸다.

"춘자야, 괜찮니? 정신 차리라."

……

"춘자야! 춘자야!"

……

춘자는 대답이 없었다. 영등은 춘자의 몸을 흔들었다. 한시 바삐 뭍으로 나가야 했다. 영등은 하늘에 썩은 동아줄이라도 내려달라고 빌고 싶었다.

점점 어두워져 칠흑 같은데 멀리 반딧불 같은 것이 어른거렸다.

다시 바다

눈 감으민 칭따오 바당 눈에 선하다. 그디서 연화영 춘자영 옥순이 삼춘이영 순덕이영 새각시 삼춘이영 몬딱 모영 물질하는 꿈 자직 꾼다.

세월은 무심히 흘러 다시 봄이 왔다.

"영등이 삼춘! 미역이랑 전복 잘 번졌으카양? 칭따오에 얼른 가고 싶어 몸살 날 거 같수다."

태심은 친정으로 신행 가는 새색시처럼 들떠 있었다. 그토록 손꼽아 기다리던 초용을 떠나는 것이었다.

"모르주. 용왕 어멍이 잘 품어주셨으면 번졌을 테고……."

태심에겐 무심한 척 말했지만, 영등은 하루도 칭다오 바다를 잊은 적이 없었다. 영등이 직접 관으로부터 채취권을 얻은 곳이 아니던가. 칭다오를 다녀온 뒤 이부자리에 누우면 방 안은 온통 칭다오 바다가 되었다. 바다 가득 푸른 미역이 넘실거렸고, 바위마다 손바닥만 한 전복들이 따개비처럼 붙어 있었다. 영등은 매일 밤 그리운 이들과 함께 그곳에서 물질했다. 옥순이 삼촌, 연화, 춘자, 순덕이, 새각시 삼촌…….

이태 전, 영등은 처음으로 칭다오 물질을 나갔다. 다롄에 함께 갔던 선주가 이번엔 칭다오로 가보자며 찾아온 것이었다. 오사카, 대마도, 다롄, 블라디보스토크 등지는 흔히 갔지만, 칭다오는 생경한 곳이었다. 그곳은 척박하기 이를 데 없어 천초만 널려 있을 뿐, 미역도 전복도 보이지 않았다. 바다에 씨를 뿌려주는 영등 할망이 그곳엔 다녀가지 않은 게 분명했다.

석 달쯤 천초 작업을 마치고 다른 곳으로 옮길 무렵, 춘자가 영등에게 우스갯소리를 했다.

"영등 할마님, 이곳 칭따오 바다에도 미역 씨, 전복 씨 좀 뿌려줍서게."

춘자의 실없는 농에 영등은 갑자기 배꼽 언저리가 뻐근해지며 가슴이 일렁였다. 불현듯 바다 밭을 일궈보고 싶단 생각이 든 것이었다. 섬에서 미역 포자가 붙은 돌이랑 전복을 배로 실어다 옮기면 가능할지도 모를 일이었다.

선주에게 넌지시 뜻을 비치자 눈에서 불꽃이 일었다. 선주는 새로운 일 벌이길 좋아하고, 실행력이 좋은 사람이었다. 게다가 중국 말도 조금 할 줄 알았다.

영등은 선주와 함께 허가를 받기 위해 관을 찾아갔다. 관리는 처음엔 황당하게 여겼지만, 이식에 성공하면 누이 좋고 매부 좋은 일이라는 선주의 말에 마지못해 허락했다. 포자 이식에 성공할 경우, 독점적으로 채취권을 얻기로 하고 관으로부터 도장까지 받았다. 해녀 김영등, 선주 부성진. 문서에 나란히 이름을 쓰고 지장을 찍는데 영등은 울컥했다. 울산으로 초용 나갔을 때, 내용도 모른 채 지장을 찍었던 게 떠올라서였다.

섬으로 돌아온 뒤, 배 여러 척에 미역 포자가 달라붙은 돌이랑 전복을 싣고 다시 칭다오로 갔다. 그리고 밭에 씨앗을 심듯이 미역이랑 전복이 잘 자랄 수 있는 곳을 찾아 돌을 놓았다. 영등은 처음 마련한 땅에 씨앗을 심는 농부처럼 가슴이 마구 뛰었다.

"삼춘! 꼭 배 속에 든 애기 기다리는 거 같아마씀."

태심이 방실방실 웃으며 말했다.

"족두리도 못 써본 처녀가 애 배 봔? 돼지고기도 못 먹어본 사람이 돼지고기 맛 같다고 하는 거나 한가지주게. 하하하하!"

걸걸한 춘자 목소리와 함께 호탕한 웃음소리가 들렸다. 영등은 깜짝 놀라 배 안을 둘러보았다. 춘자가 있을 턱이 없었다. 배 안이 텅 빈 듯 가슴이 허했다. 영등은 무연히 눈길을 거두었다. 품 안에 안긴 영화가 마음을 달래주듯이 영등을 보며 방긋 웃었다. 영등은 젖은 눈으로 영화를 보며 마주 웃었다.

돌 지난 영화는 낯가림이 없어 누구에게나 잘 안겼고, 춘자를 닮아 까르륵까르륵 잘 웃었다. 영등은 웃는 영화 얼굴을 볼 때마다 입은 웃으면서도 눈은 젖을 때가 많았다. 춘자의 죽음은 아직도 믿어지지 않았다.

맞절이 크게 치던 날, 테왁을 안고 정신을 놓은 춘자는 결국 깨어나지 못했다. 배가 왔을 때 춘자의 몸은 이미 싸늘히 식어 있었고, 맥은 거의 잡히지 않았다. 날마다 연화 타령이던 갯동은 춘자가 죽고 나서야 목놓아 춘자 이름을 부르며 울었다. 영등은 영화를 집으로 데려다 동냥젖을 얻어 먹이고 암죽을 끓여 먹여 키웠다. 다행히 아기는 잃어버린 영등의 웃음을 되찾아주려는 듯이 방긋방긋 잘 웃었다. 춘자가 세상을 뜬 뒤, 영등을 기운 차리게 한 건 바로 영화였다. 젖먹이 어린 것이 영등을 일으켜 세웠다. 봄바람이 얼어붙은 강물을 녹이듯이.

춘자가 떠난 뒤, 춘자와 나눌 수 있는 말도 함께 떠났다. 누군가 세상을 하직한다는 것은 그 사람하고만 교감하는 말과도 이별하는 것이었다. 영등은 춘자랑만 할 수 있는 연화 이야기를 누구와도 할 수 없었다. 나누지 못한 말들은 가슴속에 고이고 고여 이따금 너울이 되어 목을 타고 넘어왔다.

꽁꽁 언 땅이 풀어지며 봄이 오듯이 삶도 그랬다. 영영 굳어버려 화석이 될 것 같은 가슴은 시나브로 녹았다. 영화를 집으로 데리고 오고 나서 얼마 뒤 영덕이랑 영심이 찾아왔다. 영덕은 수석으로 졸업해 우등상과 함께 영춘이 받지 못한 졸업장을 영등에게 안겨주었다. 형이 졸업장을 받지 못해 누이 가슴이 멍든 걸 알았던 걸까. 영덕은 형 졸업장을 대신할 순 없겠지만, 졸업생 대표로 졸업장을 받아 누이한테 안겨주고 싶었다면서 울먹였다. 영등에게 안기던 영덕은 어느새 훌쩍 자라 영등을 품에 안았다. 영등은 가슴이 뭉클했다. 범접하기 어려운 형과 한사코 지지 않으려는 동생 사이에 끼어 목소리 한 번 크게 내지 못하는 영덕이 늘 짠했던 터였다. 영등은 듬직하게 자란 영덕의 모습에 마음이 놓였고 무엇보다 건강해 보여 기뻤다.

영심은 제 손으로 지은 치마저고리를 영등에게 입히고는 딸 시집보내는 어멍처럼 요리조리 보면서 함박웃음을 지었다. 새어멍에게 배워 처음 지은 것이라는데, 바느질 솜씨가 여간 야무지지 않았다. 영심은 옷 짓는 일이 재미있다고 했다. 영등은 고집 세고 당돌한 영심이 새어멍이랑 불화가 있을까 봐 걱정이었다. 그런데 다행히도 영심은 새어멍이랑 퍽 죽이 잘 맞는 듯 보였다.

영등은 사범학교에 진학하는 영덕에게 입학금을 들려 보냈다. 영춘에게 꾸었던 꿈을 영덕이 이루어준 것이었다. 영등은 입학금만큼은 자신이 번 돈으로 내주고 싶었다. 동생들이 돌아간 뒤, 영등은 영덕의 상장이랑 졸업장, 그리고 영심이 지어 온 옷을 어루만졌다. 영등의 마음속엔 동생들이 아직 어리기만 한데, 그들은 어느덧 자라 영등의 마음을 살피고 있었다.

태심이 상념에 잠긴 영등을 깨웠다.

"삼춘! 삼춘은 이름값 잘도 해마씀. 영등 할망처럼 바다에 씨 뿌려주고……. 삼춘 덕분에 우린 땅 잡았수다. 옛날에 삼춘은 울산으로 초용 갔을 때, 이리저리 다 뜯기고 겨우 이 할 받았다고 하지 않았수꽈?"

"김칫국 마시지 말라. 이식에 성공했는지 실패했는지도 아직 모르는디."

태심은 부푼 마음을 주체하기 어려운지 입에서 웃음이 가시지 않았다. 초용을 떠나는 데다 파격적인 조건이니 그럴 만도 했다.

영등은 관이랑 협상할 때, 수확을 관과 반씩 나누는 대신 해녀들의 숙소랑 먹을 것을 관에서 책임지는 것으로 했다. 영등이 대표로 계약을 했지만, 사실상 전주는 그곳에서 작업하는 해녀들 모두였다. 영등이 오래전부터 꿈꿔 온 것이었다.

"김칫국 먼저 마시고 떡 먹으면 체할 일도 없고 좋지 않수꽈? 아! 시원한 김칫국 한 사발 마시고 싶다."

선주가 영등에게 눈을 찡긋해 보이며 웃었다. 무슨 비책이라도 숨기고 있는 걸까? 영등은 행여 이식에 실패해 한백잠수들을 실망시킬까 봐 몸이 다는데, 선주 얼굴엔 싱글벙글 웃음이 떠나지 않았다.

달포 전쯤, 칭다오 물질 떠나는 걸 상의하러 마을에 온 선주는 영등의 품에 안긴 영화를 보더니 흠칫 놀랐다. 영등이 춘자의 사고 소식을 전하자, 선주는 그사이 영등이 혼인한 줄 알았다면서 가슴을 쓸어내렸다. 그리고 영화 때문에 칭다오 물질 갈 일을 걱정하는 영등에게 자신의 막내 여동생을 아기업개로 붙여주었다. 동업자끼리 무슨 일이 있어도 한배를 타야 하지 않겠냐면서.

영등은 뱃전에 조용히 앉아 있는 순옥의 얼굴을 살폈다. 순옥은 영등이랑 눈이 마주치자 엷게 미소지었다. 웃음 띤 얼굴을 보는 건 처음이었다. 말은 하지 않아도 칭다오로 초용을 떠나는 게 좋은 모양이었다. 전에 없이 밝은 순옥의 모습에 영등은 마음이 환해졌다.

영등은 바깥물질을 다녀오고 나면 양식이랑 옷가지 등을 장만해 순덕의 집에 한 번씩 들렀다. 그때마다 순옥의 얼굴은 그늘져 있고 표정이 없었다. 말수는 없어도 배시시 잘 웃는 순덕이랑은 달랐다. 영등은 이번에 작정하고 순옥을 데려가는 것이었다. 동생들 짐을 잠시나마 벗고 바깥바람을 쐬어주고 싶었다. 게다가 만약 포자 이식에 성공하기만 했다면 그보다 좋은 조건이 없을 터였다.

알맞게 불어오는 샛마파람을 받아 배는 순조롭게 나아갔다. 어젯밤 동남쪽 하늘 별들이 유난히 깜빡거리더니 그쪽에서 바람이 불어왔다. 영등은 밤이 오면 하늘을 살피는 게 몸에 배었다. 밤하늘을 잘 살피면 다음 날 일기를 점칠 수 있었다. 달무리가 지거나 별이랑 달이 가까이 보이면 비가 내렸다. 그리고 아침에 돋는 해가 유난히 붉으면 바람이 강했다. 미리 알면 대비할 수 있었다.

영등은 멀리 물마루를 바라보았다. 하늘이 맑아 칼로 그은 듯 선명했다. 배가 쉬지 않고 나아가도 그것은 단 한 치의 틈을 주는 법 없이 꼭 그만큼의 거리를 유지했다. 멈추지 않고 가다 보면 영원히 닿을 수 없을 것 같은 그것은 끝내 물러설 것이다. 그리고 뭍을 내어줄 것이다.

영등은 눈을 감고 깊게 들이마신 숨을 천천히 내뱉었다. 숨이 이렇게 맑고 가벼웠던 적이 있던가. 칭다오 바다에 가득한 한뱃잠수들의 숨비소리가 들려왔다.

숨의 노래! 숨비소리에 바다는 점점 푸르렀다.

영등은 처음 섬을 떠날 때처럼 가슴이 뛰었다.

영등의 일기

— 서러운 꿈   나도 빨리 커서 아기바다 아니고, 깊은 바다에 들
              어가 할머니처럼 상군 해녀 되고 싶다. 그 생각 하
              면 마음 불룩하고 가슴 두근두근 뛴다.

— 산호 가지 맹세   바다는 얼굴이 여럿이다. 명주바다일 땐 어머니
              같고, 찰싹찰싹 파도가 알맞게 일 땐 동무 같고, 파
              도가 집채만 하게 일어서 바다가 뒤집어질 땐 저
              승사자 같다.

— 해경   미역해경 날, 다른 집은 어른들 많이 있으니까 든
              든하지만, 우리 집은 아이들만 있으니까 서럽다.
              나는 동생들에게 일부러 씩씩하게 보였다.

— 육지 멀미   나는 나중에 동생들 얼굴에 방긋방긋 웃음꽃 피
              고, 기뻐 펄쩍펄쩍 뛰는 모습 생각하면서 힘들어
              도 참았다.

— 숨의 무게   여기가 이승 아니고 저승이다, 이런 생각이 들었
              다. 할머니가 '해녀로 태어나느니 소로 태어나지.'
              했는데 그 말 무엇인지 알 수 있을 것 같다.

— **혼백상자 등에 지고** 나라 없으니까 서럽고, 여자로 태어나 서럽고, 까막눈이라 서럽다. 동굴 속같이 캄캄하니까 매우 서럽다.

— **갯닦기** 아버지가 골목 모퉁이 돌아 그림자도 안 보이니까 해가 져버린 것처럼 마음 텅 비었다. 아버지는 그림자만으로도 마음에 위로 되고 힘 된다는 거 나는 깨달았다.

— **물숨 찾아가는 길** 밤이 되면 빨리빨리 새 아침이 오면 좋겠다, 이런 생각 든다. 글자를 알고 나니까 온 세상이 샛별처럼 반짝반짝 빛나는 거 같다.

— **청국장 냄새** 범내골에서 돌아와서 열이 불덩이처럼 오르고, 헛소리하며 죽게 앓았다. 뭐가 뭔지 어리둥절하고, 가슴이 울렁울렁하면서 죽을 것 같았다.

— **감은장아기들** 나는 부모님한테 안 기대고 혼자 세상으로 나가 당차게 자기 삶을 개척한 감은장아기가 무척 높게 보였다.

— **한 손에 빗창 들고** 옥순이 삼촌이 곁에 있으니까 여기까지 왔다. 옥순이 삼촌은 어느 땐 씩씩한 대장부 같고, 어느 땐 재미있는 동무 같다.

— **인간이라는 슬픈 이름** 나는 고통을 견디기 힘들어서 다시는 안 깨어나면 좋겠다고 생각했다. 그런데 내가 죽으면 동생들만 외로이 남으니까 이 악물고 살아야지, 굳세게 마음먹었다.

— **영춘의 졸업장** 영춘이는 겉으로는 무뚝뚝해도 속정이 따스하니 매우 깊다. 나한테 발끈발끈 화내는 것도 누이 힘들까 봐 걱정돼서 그러는 거 안다.

— **산호 가지 하나** 생글생글 웃을 때 눈 감기는 연화 얼굴 눈에 삼삼하고, 꾀꼬리처럼 고운 목소리 귀에 쟁쟁하다. 작은 바람에도 이리저리 흔들흔들하는 모습 자꾸 맴돈다.

— **해화** 새 물안경(두 알짜리)은 눈에 꼭 맞고 흠집 하나 없으니까 물속이 맑게 보인다. 그런데 물질할 때마다 눈물이 흐르니 눈앞 흐려져서 물건 안 보인다.

— 바다는 얼지 않는다   춘자가 내 곁에 있으니까 고맙다. 부지런하고 마음 아픈 일 있어도 얼굴 찡그리지 않고, 금방 웃으며 될 수 있는 대로 힘써 살아가는 춘자가 많이 고맙다.

— 다시 바다   눈 감으면 칭따오 바다 눈에 선하다. 거기에서 연화랑 춘자랑 옥순이 삼촌이랑 순덕이랑 새각시 삼촌이랑 모두 모여서 물질하는 꿈 자주 꾼다.

푸른 숨

창작 노트

제주 해녀! 무엇이 그토록 나를 사로잡았을까? 제주는 말만 들어도 가슴이 아려올 정도로 내겐 특별한 곳이다. 부모님이 고향을 떠나 머나먼(그 시절엔 요즘처럼 제주도 가는 게 쉽지 않아 그야말로 머나먼 곳이었다.) 제주에서 청춘을 보내셨기 때문이다. 엄마가 해녀는 아니었지만, 어린 자식들을 떼어두고 스무 해 가까이 돈벌이를 위해 낯선 섬에서 지탱해야 했던 삶은 해녀의 삶만큼이나 녹록지 않았다. 자식 사랑이 유별났던 분이었으니 애끓는 모정은 또 오죽했으랴. 고무 잠수복이 나오기 전, 얇은 무명옷 하나 걸친 채 찬 바다에 들어가 숨을 참으며 물질을 해야 했던 해녀들. 그들의 삶이 가슴 뭉클하게 다가온 데에는 오로지 자식들을 위해 제주에서 푸른 청춘을 불태운 엄마의 애달픈 삶이 분명 한몫했을 것이다.

해녀 이야기를 쓴다며 문학관으로 들어간 내게 친구가 물었다. 해녀의 무엇에 그렇게 매료된 것이냐고. 그 무렵 나는 물질을 배워보겠다며 비행기를 타고 제주로 해녀 학교 면접을 보러 갈(거주지가 제주가 아닌 데다 해녀를 업으로 하지 않을 사람을 붙여주지 않아 아쉽게도 탈락했다.) 정도로 해녀에 단단히 빠져 있었다. 나는 해녀에 대해 알면 알수록 빠져든다는 말밖에 할 수 없었다. 건조한 말 몇 마디로 그들의 삶에서 받은 감동을 설명하기 어려웠다. 소설을 쓰면서 친구의 물음에 충실하게 대답하려 애썼다. 그 이름만으로도 가슴 먹먹해지는 해녀. 불턱을 중심으로 함께 울고 웃고 연대하면서 '아름다운 공존'이라는 삶의 무늬를 수놓은 그들의 이야기가 백분의 일이나마 그려졌기를…….

소설을 쓰는 내내 질문 하나가 내 안에 있었다. 그것은 바로 톨스토이의 소설 제목이기도 한 '사람은 무엇으로 사는가?'이다. 영등의 삶을 그리면서 그 질문이 수시로 고개를 들었다. 이 소설을 쓰는 작업은 그것을 찾아가는 과정이었다. 어떤 고난이 닥쳐와도 꿋꿋이 이겨내는 힘, 쓰러졌다가도 다시 자신을 일으켜 세우는 힘과 용기는 어디에서 비롯되는가? '오롯이 지켜내고 싶은 것'이 존재하기 때문이 아닐까? 누구에게는 그

것이 신념일 수도, 가족일 수도, 나라일 수도 있을 것이다. 그러나 더 궁극으로 파고들면 결국 하나로 귀결되지 않을까? 나자신의 존엄.

문학관에서 소설을 쓰는 동안, 나는 영등의 밭은 숨을 느끼기 위해 달리기를 했다. 날마다 3킬로미터 정도를 달리고 나면 온몸이 땀으로 젖고 목 안이 뻐근할 정도로 숨이 찼다. 달릴 때보다 달리기를 멈추었을 때 숨이 더 찼다. 초고를 어렵게 마친 뒤 퇴고의 시간은 참으로 지난했다. 수없이 글을 수정했다. '이번이 마지막이다. 더는 못 한다.' 그렇게 마지막을 선언한 뒤에도 퇴고를 거듭했다. 기진해 더는 못 할 것 같다가도 다시 힘이 솟아 원고를 붙들고 씨름했다. 해녀들이 숨비소리를 토해내며 숨을 고른 뒤 다시 물에 들어 물질을 하듯이. 영등, 옥순이 삼촌, 강오규 선생님, 춘자, 연화, 그들 덕분이었다. 그들은 한 발씩 더 나아갈 수 있도록 내게 힘을 주었다. 그들에게 고맙다.

동글동글 오름을 닮은 제주 말, 특히 파도가 거친 바다에서 소통을 위해 짧게 특화된 해녀들의 언어를 날것 그대로 살리고 싶었다. 초등학교 입학 전 두 해를 제주에서 살고 몇 년에 한 번씩 찾아가 방학을 보낸 제주는 제2의 고향과도 같아 제주 말은 내게 친근했다. 그러나 제주 말을 자유자재로 구사할 수는 없어 마치 외국어를 배우듯이 더듬더듬 사전을 찾아가면서 소설을 썼다. 제주 말은 쓰기가 어려웠던 만큼 읽기 또한 쉽지 않았다. 읽어나가기가 너무 어렵다는 주변의 반응에 아쉬운 마음을 억누르며 제주 말을 덜어냈다. 그런데도 어렵다는 말엔 절망스러웠다. 고심 끝에 살점을 떼어내는 심정으로 '~게', '~멘' 같은 제주 특유의 어미만 남겨두고 거의 다 덜어냈다. 꼬리만 겨우 남은 제주 말은 우스운 꼴이 되었지만, 가독성을 고려한 고육지책이었다.

감사 인사를 전할 분들이 많다. 우선 수많은 자료 조사와 인터뷰로 해녀 이야기를 집대성해 『한국의 해녀』를 남겨주신 김영돈 선생님께 인사를 전하고 싶다. 이미 작고하셨지만, 그분의 노고와 열정에 머리 숙여 감사드린다. 귀한 자료 『제주 해녀 항일 투쟁 실록』을 볼 수 있도록 도와주신 해녀 박물관 학예사 이지은 님, 황포 돛배 체험을 할 수 있도록 도움 주신 해양문화재연구소 배국환 님, 직접 작업에 참여한 귀한 책 『하도 초등학교 100년사』를 선뜻 내어주신 '해녀와 초가집' 민박집을 운영하면서 수필가로 활동하시는 김백윤 님, 제주 말 감수를 선뜻 맡아 해주신 동화 작가 박이진 님, 그리고 질문에 친절하게 답해주신 제주 곳곳의 해녀분들께 감사드린다. 이 소설의 배경이 된 일제강점기의 열악한 환경에서 물질하면서 부당한 처우 개선을 위해 항일 투쟁까지 서슴지 않았던 해녀들, 그리고 현재까지 물질의 업을 이어오고 있는 해녀분들의 숭고한 삶이 없었더라면 이 소설도 없었을 것이다.

소설 퇴고할 때 신세 진 '글을 낳는 집' 촌장님과 사모님, 소설의 문학성을 높이 사 선뜻 출간해주신 사태희 대표님, 책 예쁘게 만들어주신 특별한서재 식구들께도 감사드린다. 책 나오기까지 여러모로 애정 어린 관심 보여준 친구, 김선영 작가도 참 고맙다. 그리고 엄마 글을 꼼꼼히 읽고 조언해준 딸, 엄마를 늘 응원해주는 아들, 글 쓰느라 소홀한 아내를 너그러이 봐주고 기꺼이 손과 발이 되어주는 남편에게도 고맙다는 인사를 전한다. 사랑하는 가족은 내 힘의 원천이다. 끝으로 끝까지 지치지 않고 한 걸음씩 나아간 나 자신에게도 고맙다.

2022년 겨울, 팔봉산 아래에서

오미경

참고 자료

김영돈, 『한국의 해녀』, 민속원, 1999.

좌혜경·권미선, 『제주해녀 노래집-이여 이여 이여도사나』, 제주특별자치도 해녀박
    물관, 2010.

안미정, 『한국 잠녀, 해녀의 역사와 문화』, 역락, 2019.

좌혜경, 『제주 해녀』, 대원사, 2015.

고재환, 『제주도 속담 연구』, 집문당, 1993.

제주해녀항일투쟁기념사업회, 『제주 해녀 항일 투쟁 실록』, 1995.

김순이, 『제주 신화』, 여름언덕, 2016.

유길준 저술, 조윤정 편역, 『노동야학독본』, 도서출판 경진, 2012.

온이퍼브 편집부, 『우리나라 방언사전 제주편』, 온이퍼브, 2017.

김순자, 『해녀 어부 민속주』, 글누림, 2009.

고희영, 『물숨』, 나남, 2015.

강영수, 『바다에서 삶을 캐는 해녀』, 정은출판, 2016.

서명숙, 『숨, 나와 마주 서는 순간』, 북하우스, 2015.

문무병, 『바람의 축제 칠머리당 영등굿』, 도서출판 황금알, 2005.

하도향토지 발간위원회, 『하도향토지』, 2006.

하도초등학교동문회, 『하도초등학교 100년사』, 2021.

국립해양문화재연구소, 『옹기배 사공과 전통 항해기술』, 2017.

이성은 사진집, 『숨비소리』, 눈빛, 2007.

준초이 사진집, 『해녀와 나』, 남해의봄날, 2014.

푸른 숨

ⓒ 오미경, 2023

초판 1쇄 발행일 | 2023년 1월 25일
초판 4쇄 발행일 | 2024년 7월 15일

지은이 | 오미경
펴낸이 | 사태희
편 집 | 최민혜
디자인 | 홍성권
마케팅 | 장민영
제 작 | 이승욱 이대성

펴낸곳 | (주)특별한서재
출판등록 | 제2018-000085호
주 소 | 08505 서울특별시 금천구 가산디지털2로 101 한라원앤원타워 B동 1503호
전 화 | 02-3273-7878
팩 스 | 0505-832-0042
e-mail | specialbooks@naver.com
ISBN | 979-11-6703-070-2 (43810)

ㅇ 이 책의 본문은 '을유1945' 서체를 사용했습니다.

이 도서는 2021년도 한국문화예술위원회 아르코문학창작기금지원사업에 선정되어 발간되었습니다.